U0519514

八股文小史

卢　前　著

四川文艺出版社

图书在版编目（CIP）数据

八股文小史 / 卢前著. — 成都：四川文艺出版社，2021.12
ISBN 978-7-5411-6196-4

Ⅰ. ①八… Ⅱ. ①卢… Ⅲ. ①八股文—研究 Ⅳ. ①H152

中国版本图书馆CIP数据核字（2021）第237288号

BAGUWEN XIAOSHI

八股文小史

卢前 著

出 品 人　张庆宁
策 划 人　燕啸波　谢信步
责任编辑　李小敏　张亮亮
封面设计　叶　茂
内文设计　史小燕
责任校对　文　雯
责任印制　崔　娜

出版发行　四川文艺出版社（成都市槐树街2号）
网　　址　www.scwys.com
电　　话　028-86259287（发行部）　028-86259303（编辑部）
传　　真　028-86259306

邮购地址　成都市槐树街2号四川文艺出版社邮购部　610031
排　　版　四川最近文化传播有限公司
印　　刷　成都东江印务有限公司
成品尺寸　130mm×185mm　　　开　　本　32开
印　　张　4.75　　　　　　　　字　　数　60千
版　　次　2021年12月第一版　　印　　次　2021年12月第一次印刷
书　　号　ISBN 978-7-5411-6196-4
定　　价　42.00元

目录

弁言

　　始余谒义宁陈伯严先生、归安朱古微先生于海上。两先生自言少时治举业，尝揣摩先太史《石寿山房制艺》，以为咸同大家无有逾于此者也。因问余亦尝致力此道否？余惭悚无以对。余生于光绪乙巳，时科举久停，策论已废，无论八股文矣。惟在家塾，业师尝授以破承之法以为戏，顾仍茫然于谋篇也。民国十八年，与吾师长洲吴瞿安先生都讲光华大学，寝食相共，师每于酒阑，为话琐闱旧事，亦曾教余以作法，偶拈数语呈政于先生，聊供谑笑之资而已。先生故工于制义者，而诗古文之名，且往往为词曲所掩，况此道耶？虽然，八股文有五百余年之历史，在文学史上自应占有相当之地位；治文学史者，固不能以一时之好恶而竟抹杀之也。

昨岁余来暨南，承乏讲席，任"明清文学"一学程，以传奇与八股文为明代文体上两大创作，既别作《戏曲史》，复草此七章。八股文经三四十年之摧残，在今日已有文献不足之叹，是篇聊述大凡，不能详尽也。近日士夫，渐稍稍注视于此道，知他日必有一部完备之《八股文史》。然则，兹编其嚆矢耳。民国二十二年，十月，卢前书于暨南大学。

第一章　帖括经义之变体

八股文，一作八比文，或四书文，或曰制艺。称之为时文者，与古文对待言也。考其渊源，有谓出于唐之帖括，有谓出于宋之经义，或云创自王安石，或云昉乎张才叔。要之，为帖括经义之变体，若具体之八股文，则始于明成化之世。诸家绪论，可考览焉。

侯康曰："四书文今谓之帖括，帖括二字始于唐。唐制明经、进士二科。以刘思立奏皆帖经，进士以诗赋取，故但帖一大经及《尔雅》。明经义取则于九经之中，随所习而帖之。此外兼帖《孝经》《论语》，其时《大学》《中庸》杂在《礼记》中，《孟子》亦杂在诸子中，未尊为经，故但帖《论语》。尊《孟子》，自杨绾始。绾于宝应二年上疏言：明经但记帖括，请于所习经取大义，听诸家之学，每问经十条，对策三道，以《孝经》《论语》《孟子》兼为一经；议卒不行。然是时帖经之法，只令全写注疏，无词意发明；与今举业绝不类。宋仁宗嘉祐二年，增设明经，试法多如唐制，问义亦及《论语》。"

郑灏若曰："四书之文，原于经义，创自荆公。荆公因神宗笃意经学，请兴建学校，苏轼非之。他日又言：学者专意经术，庶几可以复古。于是改法，罢诗赋帖经墨义。士各占治《易》《诗》《书》《周礼》《礼记》一经，兼《论语》《孟子》。每试四场，初大经，次兼经大义，凡十道。后改《论语》《孟子》义各三道。元祐四年，罢试律义，专立经义、诗赋两科。皆各试《语》《孟》义二道。此则四书文所由昉也。第史只言《论》《孟》命题，不及《大学》《中庸》。有之，当在南渡以后。（《宋史选举志》：朱子常为私议，欲罢诗赋而分诸经子史，时务之年，诸经以子午卯酉四科试之。皆兼《大学》《论语》《中庸》《孟子》义一道。议虽未上，天下诵之。）元太宗时，耶律楚材请用儒术选士，从之。（《元史选举志》：九年，诏命术忽觲、刘中以《论》及经义、词赋分三科，考试诸路。）仁宗皇庆二年，中书省臣奏科举事，专立德行明经之科，乃不诏及条目颁行，出题亦用四子书。（《元史选举志》：考试程式，蒙古色目人，第一场经问五条，《大学》《论语》《孟子》《中庸》，内设问用《朱氏章句集注》。其义理精明，文辞典雅者，为中选。汉人南人，第一场明经，经疑二问，《大学》《论语》《孟子》《中庸》，内出题并用《朱氏章句集注》，复以己意结之，限三百字以上。）后至元统，稍有更益，而其大要，俱仍旧制。"

梁杰曰："天下之事，惟无所为而为者，乃可以不朽。宋王介甫作新法，当时之人，岌岌不可以终日，而为四书文开其先。乃更数世，历六七百年而不废，其所撰诸经新义，列之学官，用之取士，天下靡然皆王氏之学，其力亦巨矣。南渡禁革，遂罕有过而问者，而四书之文缘之而起，学者舍此几似无书可读，创之者非邪？因之者是邪？习之积者不移，利所在者偏重，其初本论体之小变，特专以四书语命题，其源盖出于唐之帖经墨义。北宋以前，《大学》《中庸》尚在《礼记》。唐试经义未立《孟子》，而以《礼记》为大经。治诸经者，皆兼《孝经》《论语》，亦有以书语为论题者，如《颜子不贰过论》皆其滥觞也。至代言口气，八股对仗，虽备于前明；其实南宋杨诚斋、汪六安诸人已为之椎轮，至文文山则居然具体；而文山之文存于世者，或疑赝作，盖不可得而辨也。"

周以清曰："制义之兴始半山。半山之文体有二：其谨严峭劲，附题诠释，则时文之祖也；其震荡排奡，独抒己见，则古文之遗也。宗古文者，流为周、归，终于金、陈。宗时文者，流为王、钱，终于杨、艾。四书之文，临川创之，而即始于嘉祐之朝者也。"

刘熙载于所著《艺概》之卷六《经义概》云：
"《宋文鉴》载张才叔《自靖人自献于先王》一篇，隐然以经义为古文之一体，似乎自乱其例。然宋以前，已有韩昌黎省试《颜子不贰过论》，可知当经义未著为令之时，此等原可命为古文也。"

黄人《文学史明人制艺》章，叙《制艺之创始》，有云："考论制艺，本应渐自前明，然自俞桐川、长城有百二十名家之选，托始于北宋诸公，则不得竟置大辂椎轮于不问。俞桐川谓制义创自王安石，方望溪则谓制义昉于吴才叔，（前案：吴应是张字之误。）皆北宋人也。今考吴才叔《自靖人自献于先王》一篇，见吕东莱所编《宋文鉴》，而俞桐川所录王荆公文数篇，则不知所据何本。盖荆公创立制义，原与论体相仿，不过以经言命题，令天下之文体出于正，且为法较严耳。然当时对仗不必整，证喻不必废；侵下文不必忌；至后人踵事增华，文愈工而体愈降，法愈密而理愈疏。而俞氏又以禁侵下文为是，工对仗废证喻为非；强生分别，则未见其确也。夫连上犯下，不过科举格式，不能不遵。试问圣贤立言之初，何尝有此界限乎？至文之有对仗，则本阴阳奇偶之理，不能偏废。无论汉晋以来，文人无不讲此。即四书五经中，对偶之句，层见叠出，时代愈近，则其词愈妍，其势使然，岂得专绳之制义。且如王荆公《浴乎沂》题文中，有"牛山陨泪，朝邑回车"语；杨诚斋《至于治国家》题文中，有"日转棠阴，风清榆塞"语；当时初体，又何尝不工于对仗乎？若文之用证喻，则亦周秦以前即有之。但既严格律，自不能不稍择雅驯，必如王荆公作《知者动仁者静》题文云："譬有二贾，一则既富；一则知富之术而未富"等语，则岂得谓之与题义相比附哉！"又引《四勿斋随笔》云："俞桐川所录百二十名家，于有宋存七家：一为王半山安石，一为苏颖滨辙，皆在嘉祐朝。一为杨诚斋万里，在绍兴朝。一为陆象山九渊，在乾道朝。一为陈君举傅良，在淳熙朝。一为汪六安立信，一为文文山天祥，皆在淳祐朝，大约亦就所见而甄录之。即如朱良矩所录张才叔、姚孝宁、吴师孟、张孝四家文，凡十余篇，俞录皆未之及，而俞录所存七家之文，又不言所出何书。故纪文达昀颇疑之。于编纂《四库全书总目》中，微露其意；然学者自为论文起见，但取其初体具在，足资考论，固不必别事深求也。"

前案：宋人经义之绝似后来八股文者，亦自有其例。如：陈止斋《保民而王》题文，中有一节云："论成汤之王者，不观于万邦咸怀之日，而观于子惠穷困之初。论文王之王者，不观于三分有二之时，而观于不侮鳏寡之始。"

文文山《事君能致其身》题文，中有一节云：

"不为不忘沟壑之志士，则为不忘丧元之勇夫；不为杀身成仁之仁人，则为舍身取义之义士。"文体变迁之迹，于焉可见；述八股文而推源于经义，亦疏通知远之义也。顾八股文为学所贱已久，科举废后以至于今，垂四十年；此体弃置，已无人道；惟自通识观之，盖不平之甚者也。造文学史者，故应还其应得之地位。往在成都，亡友双流刘鉴泉咸炘示所作《四书文论》，最为知言。其通论部分，至精核，可作八股文之价值论观。其言曰："制艺者，诸文之一也。亦本出于心，亦自成其体，固与诸文无异。不知其不能等观者安在！谓其体下耶？文各有体，本无高下，高下者，分别相对之权词耳。为古文者斥下时文，恐乱其体可也，而时文不以是贱也。彼为古诗者固斥下律诗；为律诗者固斥下词；为词者固斥下曲。律诗、词、曲，岂以是贱哉！谓其为干禄耶？彼唐之律诗、律赋、判词；宋之经义、论策、四六，孰非干禄之具！今论策盛传于异代，律诗、判词，皆编在别集；律赋且有总集；韩退之之试论在《昌黎集》，张才叔之经义入《宋文鉴》。曲剧、平话，今皆有专家考论，列于文学之林。而独于制艺，则掩鼻过之，是得为平乎？焦里堂循《时文说》曰：'御宽平而有奥思，处恒庸而生危论；于诸子为近。然诸子之说根于己，时文之意根于题，实于六艺九流诗赋之外，别具一格。'余尝谓学者所轻贱之技，而实为造微之学者有三：曰，奕；曰，词曲；曰，时文。江国霖《制义丛话·序》曰：'制艺指事类策，谈理似论，取材如赋之博，持律如诗之严。'二论皆非过誉。制艺之足为知言论世之资，固同于策论齐于诗词，其尤且足上拟诸子；远非律诗、律赋、四六之所能及。今反谓为不足与于立言之伦，岂为平乎？谓不足与于立言者，莫刻于龚自珍'不自言，而代他人言'之说。其说实非也。章实斋先生《叶鹤涂文集·序》曰：'二十年来，举及时艺，辄鄙弃之为不足道矣。夫万物之情，各有其至，苟有得于意之所谓诚然而不为世俗毁誉所入，则学问文章，无今无古，皆立言者所不废也。'此论可谓明且清矣。言之有物与否，固不在于体制。子部不少剽窃之作，制诏亦有诚恳之言，策论自抒其意而抄纂盛行，曲剧止如其事而襟抱可见。况四书文题狭而词长，引申推扩，何非已意耶？明世此道名家论文绪言，罔不崇尚自得。王守溪鏊谓：'作文须先打扫心地洁净。'唐荆川顺之谓：'作文要真精神透露，肯说理，肯用意，必是真实举子。'瞿昆湖景淳谓：'作文须从心苗中流出。'吴因之默谓：'着一分词，便掩一分意。意到时，只须直写胸臆家常话儿，尽是精光闪灿。'（因之作文不看时艺，不寻讲章，咀味白文，移暑始成一艺。）陶石篑望龄谓：'自胸臆中淘写出者为好。'凡此诸说，如出一口。又王龙溪畿谓：'作文如写家书，句句道实事，自有条理。'陶石篑言：'作文正如人诉事耳。敏口者能言，其甚敏者能省言而无费。'此二论尤为精到。自汉以来，文家骛于派别格律，而忽于本质。词华盛而论理衰，使文不能达意而远于实用，乃为西洋逻辑所乘。其能存论理者，独制艺家耳。若此诸论，不可谓非名言宝训也。此岂犹可谓为不足立言耶？顾泾阳宪成曰：'唐瞿之文，中行也。我之文，狂也。陈筼塘储樊桐之文，狷也。'梁赞图曰：'言者心之声，古今诗文往往能自肖其人。制义则言之尤畅，如徐文长作《今之矜也忿戾》文，直是自作小传。'俞桐川长城曰：'忠臣之文多发越，孝子之文多深沉。'此皆可以知言之明证。桐川又谓：'陈白沙为一世儒宗，吾疑其文必方整严肃，凛不可犯。及诵其集，乃潇洒有度，顾盼生姿。'此自桐川之疏耳。白沙学风之异于朱派，正以潇洒耳。文且可以见学风如此。"

是以治八股文者，不独须谙其体制、因其内容，且可知当时之学术，非特为文学史料已也。昔章学诚尝欲汇辑名选佳刻，博采前辈评论故事，仿《诗品》《文心》及唐宋诗话之意，自为一书，以存其家学，竟未能成，抑可惜也。

第二章　八股文章之结构

"八股文"名者，以异于他种之文体也。欲穷八股文之源流，必先陈述八股文之结构；明其格式，附以法则，从而论其历史可也。论格式应首了解其术语，姑以最习见者言之如次；

首"破题"　以二句破开题字或题意，故名。使不将题字破开，是谓"骂题"。纵题目繁重，或数句数扇，或一章数章，总以二句浑括全题。

次"承题"　或四句，或五句，将破题之意，引申言之，俾使其晓畅。

次"起讲"　亦曰"小讲"，不拘十数句或数句，要分起承转合。亦有用反开合者，其法甚多。如反起正收、正起反收之类。老手不拘于起承转合，以散行浑写题意，惟须将题理、题神，浑括包举。

次"领题" 或一二句，或四五句，从上文领到本题。如无上文则虚虚叫起本题亦可。如题目繁重，而仍有下文者，应从上文串到本题末句，或明点末句之字，或虚笼末句之义，以清题界，仍宜落到题前。

次"题比" 亦曰起比，或四五句，或八九句均可。总就题前着笔，以留中后比地步，两比字句要相同。

次"出题" 比领题进一步，可将全题点出，或仍不点出，留在中比后方全出者。

次"中比" 长短无定式，两比字句要相同。或不写正意，而仍以他义翻腾者，如是则后比应发挥正义。如在中比发挥正义者，则后比应推阐题后之义。如出题未将全题点出者，则中比下仍有出题，将题全行点出。如提比下出题已将全题点出者，则此处不用再出题矣。

次"后比" 长短无定式，大约中比长则后比短，中比短则后比长。两比之字句亦应相同。

次"束比"　前六比意有未尽，再以两比收束。字句亦要相同，宜短不宜长。此八股文之正格也，然亦多不用束比，仅作六比者。

次"落下"　落到题之下文也。如题无下文者，或推阐余波，或加以结束，无落下亦可。领题、出题、落下，多作散行，不一定用偶句。

八股文者虽以八比为式，而亦有六比、十比、十二比、十四比、十六比、十八比以至二十比者。比数之多，当有先后层次，各别意义，方免叠床架屋之弊。亦有双扇题作两大比者，三扇题作三大比者，惟破、承、起讲、领题、落下，仍照式。如遇四扇五扇题，倘亦作四大比、五大比，便觉板滞不佳，故无四大比、五大比之文，宜总做为有力量。但文无定格，间有单句题，亦作两大比，每比各树一意。如两大比，一横说，一竖说。三大比，一说过去，一说现在，一说将来之类。

滁县韦中如先生叙《清代科举制度》，其下篇颇及八股文之作法，自述经验，言简而赅。今兹所举，略取其说而已。仍以例明其结构。

〔题〕《不患无位，患所以立；不患莫己知，求为可知也》。

〔作者〕钱志驹（明末天崇间人）

论文于名位之情，欲其思为可就焉。（此为破题）

夫患无位，患莫知，未为失也。因所患而责立与可知之实，君子正不以彼易此耳。（此为承题）

且人欲表见于天下，则必思天下责我之厚，与我副天下之难。夫其厚责者，皆我所必不可辞，而其难副者，又皆天下所必不肯恕。使分量不足以相酬，则自为表见之处，适自为沮丧而已矣。（此为起讲）

彼夫名位二者，君子之道待以行、待以传者也。惟吾道因名位以为功，斯名位益恃吾道以为重。（此为领题）

是故大儒穷通显晦，至集四海之耳目，群相倾注，而未始有震物之嫌。

乃衰世之乡党朝廷，至挟三代之诗书，出以应求，而不免有抚躬之疚。（此为两题比）

然则无位何患哉，患所以立焉耳，人国有事而后有官，其欲得者敬事之臣，非居官之臣也。无论宠利难忘，惧失正直立朝之本，凡此时艰所属，得毋优于细务，而重任其将颠覆乎。试为置身负乘之时，君悔授政之轻，臣叹荐贤之误，耻尚可赎耶。蚤夜以思，或翻幸弓旌之未逮耳。

然则莫己知何患哉，求为可知焉耳，公论有荣而亦有辱，其可畏者荣我之人，即辱我之人也。无论幽独易欺，惧蹈声闻过情之耻，即或细行所饬，得毋悦于凡众，而圣贤其犹摈弃乎。试为设计败名之日，父母陨其家声，朋友伤其同道，身尚安容耶。蚤夜以思，应转虑游扬之过盛耳。（此为两中比，每比以起首二句出题，故未另作出题。)

盖事理各有指归，在外者为功名，在我者为德业。

生人止此心力，正用之为戒惧，而误用之为怨尤。
（此为两小比）

功名迫而怨尤生，几欲以考课选举之权，徇人情之
躁竞，此儒术之伪，其弊遂受之人才也。

戒惧深而德业懋，正将以获上信友之道，励下学
之藏修，此士习之严，其原在正乎心术也。（此为两
后比）

用患者宜何居焉。（此为落下）

此为八股文之式。夫八股文（一曰四书文）系代圣
贤立言，自起讲始即入口气。如题为孔子之言，或及门
诸子之言，即入所言者之口气。有记事题，通篇不入口
气者，此大概也。因题之异，其格局遂变而益多，爰缕
列之：

单句题　如《过则勿惮改》之类。

通节题　如《其为人也孝悌而好犯上者鲜矣，不好犯上而好作乱者未之有也》之类。

通章题　如《巧言令色鲜矣仁》之类。以上皆平正之题，无特殊作法。

双扇题　如《君子上达小人下达》之类。有分作之法，有合作之法，有先分后合之法，有领题以下专作两大比之法。

三扇题　如《视其所以观其所由察其所安》之类。作法与上同。

三扇递串题　如《一乡之善士斯友一乡之善士，一国之善士斯友一国之善士，天下之善士斯友天下之善士》之类。此题望似三层，而语气注重末一层，故不能作三扇平列。宜以两头一脚法行之，处处注定下节，方合题情。

四扇题　如《其行己也恭，其事上也敬，其养民也惠，其使民也义》之类。分作合作，先分后合均可，惟无作四大比者。

五扇题　如《恭则不侮，宽则得众，信则人任焉，敏则有功，惠则足以使人》之类。其作法与上同。

截上题　如《则吾从先进》之类。此题最忌连上。凡小讲与各比起句，皆应从本题着笔，不可犯连上之病，而又要融贯上文。

截下题　如《有美玉于斯》之类。此题最忌犯下，而又要照下，方不背下。

截上下题　如《是亦为政》之类。此题即忌连上，又忌触下。

承上题　如《若是其大乎》之类。截上题，题义半在上文，处处不可连上。承上题，题意全在上文，通篇均应从本题起，亦不可连上。

结上题　如《此谓知本》之类。结上题，题义全在上文，本题仍有着实处，与承上题之实义在上，本题全虚者微异，亦不可以连上。

冒下题　如《帝典曰》之类。此种题实义，全在下文，要用意射定下文，而措词不越本题之界。

单句截下题　如《法与之言》之类。

单扇截下题　如《刍荛者》之类。

上完下截题　如《大哉尧之为君也，巍巍乎惟天为大》之类。

上截下完题　如《温即其言也厉》之类。

上全神下半面题　如《论笃是与君子者乎》之类。

上偏下全题　如《执礼皆雅言也》之类。

上全下偏题　如《子所雅言诗书》之类。

上下偏中全题　如《或学而知之，或困而知之，及其知之一也，或安而行之》之类。

两扇截上题　如《与命与仁》之类。

两扇参差截作题　如《世叔讨论之，行人子羽修饰之》之类。

两扇分轻重题　如《亲亲而仁民，仁民而爱物》之类。

隔章无情截作题　如《而众星共之子曰诗三百》之类。

隔章有情截作题　如《父母惟其疾之忧，子游问孝，子曰今之孝者是谓能养，至于犬马亦皆有养，不敬何以别乎，子夏问孝，子曰色难》之类。

上下偏题　如《有言责者不得其言则去，我无官守》之类。

上下两截题　如《俨然即之也》之类。

滚作题　如《温故而知新，可以为师矣》之类。

截作题　如《夫子不答，南宫适出》之类。

半面题　如《从善》之类。

半面滚作题　如《道之以政，齐之以刑，民免而无耻》之类。

上完下截中宜侧串题　如《吾之于人也，谁毁谁誉，如有所誉者》之类。

上完下截中宜消纳题　如《子何尊梓匠轮舆而轻为仁义者哉，曰梓匠轮舆》之类。

一头两脚截作题　如《生而知之者上也，学而知之次也，困而学之又其次也》之类。

两头一脚截作题　如《浴乎沂，风乎舞雩，咏而归》之类。

承上截下题　如《物有本末，事有终始》之类。

截搭题　如《其为仁之本与，子曰巧言令色》之类。此为小试特殊文格，破承小讲，宜将上下两截，贯串融合。其讲下不曰领题，而曰"钓下"。应从上截之上文，串列小截之末。笔要灵敏，收处仍落到上截，此为钓下之定法。两提比谓之"还上"，此两比专作上截之文。提比下不曰出题，而曰"渡下"。应从题之上截，渡列下截。钓下要短而灵，渡下则长而缓。但均要联合有情，惟与书理不免背谬耳。渡下之下两比，谓之

"还下"。专作下截之文，但还上两比中能于关合下截，还下两比中能于关合上截，为尤佳。还下两比之下，不曰落下，而曰"挽上"。又要从下截，挽到上截，然后再落到下文，此其法也。

右所举四十种，文格犹未能尽。周至路德利《仁在堂时文》所论作法最详。由八股文之结构言之，其与曲之套数结构相类，破承者，曲中之引子也，中间对比，则如南词之过曲，亦如北套数中所规定之牌调，而落下如尾声。杂剧为代言体，八股文亦为代言体。是亦八股文出于元剧之一证也。

刘熙载《艺概》卷六《经义概》之论八股文，无不精切。有云："文要不散神，不破气，如乐律然，既已认定一宫为主，则不复以他宫杂之。"又："文之有出对比，共七法：曰剖一为两，补一为两，回一为两，反一为两，剥一为两，衬一为两。""衬法有捧题、压题。捧题以低浅，压题以高深。""衬托不是闲言语，乃相形相勘紧要之文，非帮助题旨，即反对题旨，所谓客笔主意也。"而总概之以一语曰："文之要曰识，曰力。识见于认题之真，力见于肖题之尽。"又云："题义有而文无，是谓减题，题义无而文有，是谓添题；文贵如题，或减或添，俱失之。""元倪士毅撰《作义要诀》，以明当时经义之体例：第一要识得道理透彻，第二要识得经文本旨分晓，第三要识得古今治乱安危之大体。余谓第一第三，俱要包于第二之中，圣人瞻言百里，识经旨则一切摄入矣。"凡此可见刘氏论八股文之能扼要也。

亡友刘鉴泉先生以八行书、八韵诗与八股文，称为明人之"三八"。盖八股文渊源于唐宋，实备体于有明，至清而盛而衰，其盛衰之故，有可得而言者，述其史先析其体如此。

第三章　正嘉以前之演进

　　焦循《易余籥录》曰："（上略）有明二百七十年，镂心刻骨于八股。如胡思泉、归熙甫、金正希、章大力数十家，洵可继楚骚、汉唐诗、宋词、元曲，以立一门户；而何李、王李之流，乃沾沾于诗，自命复古，殊可不必者矣。夫一代有一代之所胜，舍其所胜，而就其所不胜，皆寄人篱下者耳，余尝欲自楚骚以下，至明八股，撰为一集。汉则专取其赋；魏晋六朝至隋，则专录其五言诗；唐则专录其律诗；宋专录其词；元专录其曲；明专录其八股。一代还其一代之所胜。"以八股文代表明代文学，其论允且当。顾论明之八股，厥有二宗。其标清真雅正为宗，而排隆万为复古守正之说者，所谓主正嘉以前之八股也；彭尺木谓论者执成化宏治之一概，以量列朝；亦通人之蔽。此盖通变之说，主隆万以后之八股文也。二派亦成对峙之形，与文中之主唐前、唐后；诗中之主盛唐、中唐；词中之主北宋、南宋；曲中之主元、主明，同其正变之说，亦可觇文学之通例也。

制义开科，自洪武三年始。而科举条格，备见于元年之诏。诏云："朕闻成周之制，取材于贡士；故贤者在职而其民有士君子之行。是以风俗淳美，国易为治，而教化显也。汉唐及宋，科举取士，各有定制，然但贵词章之学，而未求六艺之全。至于前元，依古设科，待士甚优，而权豪势要之官，每纳奔竞之人，辛勤岁月，辄窃仕禄，所得资品，或居士人之上，怀材抱德之贤，耻于并进，甘隐山林而不起，风俗之弊，一至于此。今朕统一中国，外抚四夷，与斯民共享升平之治。所虑官非其人，有伤吾民，愿得君子而用之，自洪武三年八月为始，特设科举，以取怀材抱德之士，务在经明行修，博古通今，文质得中，名实相称。其中选者，朕将亲策于廷，观其学职，品其高下，而任之以官。果有材学出众者，待以显擢，使中行文武，皆由科举而选，非科举无得与官。敢有游食奔竞之徒，处以重罪，以朕称责求贤者之意，所有合行事宜条于后：一，乡试会试文字程式。第一场试五经义，各试本经一道，不拘旧格，惟务经旨通畅，限五百字以上。《易》，程朱氏注，古注疏。《书》，蔡氏《传》，古注疏。《诗》，朱氏传，古注疏。《春秋》，左氏、公羊、穀梁、胡氏、张洽传。《礼记》，古注疏。四书义一道，限三百字以上。第二场试礼乐论，限三百字以上，诏、诰、表、笺。第三场试经史时务策一道，惟务直述不尚文藻，限一千字以上。第三场毕后十日，面试。骑，观其驰骤便捷。射，观其中数多寡。书，观其笔画端楷。律，观其讲解详审。殿试时务策一道，惟务直述，限一千字以上。一，出身。第一甲第一名从六品，第二第三名正七品，赐进士及第。第二甲一十七名，正七品，赐进士出身。第三甲八十名，正八品，赐同进士出身。一，乡试各省并直隶府州等处，通选五百名为率，人材众多之处，不拘额数；若人材未备不及数者，从实充贡。河南省四十名，山东省四十名，山西省四十名，陕西省四十名，北平省四十名，福建省四十名，江西省四十名，浙江省四十名，湖广省四十名，广西省二十五名，在京乡试直隶府州一百名。一，会试额试一百名。一，高丽国、安南、占城等国，如有经明行修之士，各就本国乡试贡赴京师，会试不拘额数选取。一，开试日期：乡试，八月初九日第一场，十二日第二场，十五日第三场。会试，次年二月初九日第一场，十二日第二场，十五日第三场。殿试，三月初三日。一，三年一次开试。一，于洪武三年乡试，洪武四年会试。一，各省自行乡试，其直隶府州赴京乡试，凡举人各具籍贯年甲三代本姓乡里举保。州县申行省印卷，乡试中者，行省咨解中书省，判送礼部印卷会试。一，仕宦已入流品，及曾于前元登科并曾仕宦者，不许应试；其余各色人民，并流寓各处者，一体应试。一，有过罢闲人吏娼优之人，并不得应试。一，应举不第之人，不许喧闹，摭拾考官及擅击登闻鼓，违者究治。一，凡试官不得将弟男子侄亲属徇私取中，违者许赴台省指实陈告。一，科举取士，务在得全才，但恐开设之初，骑射书算，未能遍习，除今科免试外，候二年之后，须要兼全，方许中选。於戏！设科取士，期必得乎全材，任官惟能，庶可成于治道。咨尔有众，体朕至怀；故兹诏示，想宜知悉。"

士既无不出身于科举，即无不能为制艺。吴县黄摩西人尝录《明制艺家代表表》，盖本之梁章钜《制艺丛话》题名。分朝列举，可以觇风气，进而论其文章之升降得失焉。

洪武朝：

刘基，字伯温，青田人，元进士。明官御史中丞，封诚意伯。谥文成，《明史》有传。

黄子澄，初名湜，以字行，更字伯渊，分宜人。洪武乙丑会元，官太常寺卿，兼翰林学士，《明史》有传。

刘三吾，初名湜，字坦甫，茶陵人。元末，提举靖江学。洪武中，用荐官左赞善擢学士，《明史》有传。

前案：明初之制艺，其体犹未备，但求平淡能自明其说。顾炎武云："经义之文，流俗谓之八股，盖始于成化以后，天顺以前。经义之文，不过敷衍传注，或对或散，初无定式。"方苞亦云："自洪永至成化百余年中，皆恪尊传注，体会语气，谨守绳墨，尺寸不逾。"洪武建文十余年间，乙丑、丁丑、庚辰三科，皆以《天下有道则礼乐征伐自天子出》为题。当时之以经义取士，命题但取经书中大道理、大制度，关乎人伦治道者，以求真才，非欲以难士子也。乙丑科，黄子澄之元墨，论者以为明代制艺之第一篇文字。解大绅批云："庄重典雅，台阁文字。"徐存庵曰："时未立闱牍科条，行文尚涉颂体；而收纵之气，浩荡之机，已辟易群英。"况此为文章之始，亦制艺之河源也。其文中幅一段云：

治道隆于一世，政柄统于一人。夫政之所在，治之所在也。礼乐征伐，皆统于天子，非天下有道之世而何哉？昔圣人通论天下之势，首举其盛为言。若曰天下大政，固非一端；天子至尊，实无二上。是故民安物阜，群黎乐四海之无虞；天开日明，万国仰一人之有庆。主圣而明，臣贤而良，朝廷有穆皇之美也。治隆于上，俗美于下，海宇皆熙皞之休也。非天下有道之时乎？当斯时也，语离明则一人所独居也。语乾纲则一人所独断也。若礼若乐，国之大柄，则以天子操之，而掌于宗伯；若征若伐，国之大权，则以天子主之，而掌于司马。一制度，一声容，议之者天子，不闻以诸侯而变之也。一生杀，一予夺，制之者天子，不闻于以大夫而擅之也。皇灵丕振，而尧封之内，咸懔圣主之威严；王纲独握，而禹甸之中，皆仰一王之制度，信乎非天下有道之盛世，孰能若此道哉。

或以刘文成基敬事而信文，为明制艺之祖；然其文为初体之尤，提一机字为敬之原，衬一势字为敬之影，究逊于子澄此作，而子澄试牍，迎合明祖如此，亦以见后来制艺文之所由敝也。

建文朝：

杨溥，字宏济，石首人。建文庚辰进士，武英殿大学士，谥文定。《明史》有传。

杨荣，字勉仁，建安人。建文庚辰进士，谨身殿大学士，谥文敏。《明史》有传。

《明贡举考》略云："建文元年，南昌胡俨充湖广考官，得杨溥卷，大异之。题其上曰：'必能为董子之正言，而不为公孙之阿曲。'世以为知人。"

永乐朝：

姚广孝，初为僧名道衍，字斯道，长洲人。永乐初，复姓，赐今名，封荣国公，谥恭靖。《明史》有传。

于谦，字廷益，钱塘人。永乐辛丑进士，官兵部尚书，加少保，谥忠肃。《明史》有传。

道衍有《所谓诚其意者》二节文，杨廷枢尝论列之。其中有云："凡好恶发于赤子之真，皆可通之天下，此圣贤之意，亦帝王之意，自慊也。凡好恶为天下而饰，即非赤子之真，此杂霸之意，即盗跖之意，自欺也。虽以圣人帝王，而不能无杂霸之心，即不能无盗跖之心；故君子必慎其独也。"道衍英杰不醇之气，藉是可想见。至忠肃，今所传者只四首，或论相业，或谈兵事，或诛佞讨奸。故俞桐川谓：每篇可当古文一则，文如此亦无羡于过多矣。又云：读《不待三》篇见守京师手段。考《不待三至亦多矣》文，一讲上下团结，题蕴已该。文云："且国家之倚重者有二，遇战斗则用介胄之士；遇绥靖则用旬宣之臣。故兵法严则士奋勇，吏治肃则官效职。人君以驭兵之法驭臣，则吏治精矣；人臣以死绥之义死职，则官职当矣。"又后幅云："一失伍，则执而论之有司，何至于再；再失伍则缚而僇之于社，何至于三。盖有死无犯，军之善政也。信赏必罚，国之大经也。此大夫之所素明也。今子莅官以来，所谓奉职循理者安在？其于怠事，不啻再矣。岂士以贱刑，官以贵贷耶？由子旷官以来，所谓省愆讼过者安在？拟之以失伍，亦既多矣，岂士不赦于再官，不惮其多耶？"

景泰朝：

邱濬，字仲深，琼山人。景泰甲戌进士，武英殿大学士，谥文庄。

正统朝：

商辂，字安载，淳安人。正统乙卯解元，乙丑会状，谨身殿大学士，谥文毅。《明史》有传。

《濬传》谓：时经生文尚险怪。濬主南畿，乡试、分考、会试，皆痛抑之。及课国学生，尤谆切告诫，返文体于正。故廖道南以其转移文运，媲美于欧阳永叔。至商辂举三元，人谓生平：前有以安社稷，后有以格君心，不谓之大臣不可也。俞桐川云："读其文者，其必知所取法矣。"是其文与为人相合，所谓人文一致也。

成化朝：

林瀚，字亨大，闽县人。成化丙戌进士，南京吏部尚书，谥文安。《明史》有传。

吴宽，字原博，又字匏庵，长洲人。成化壬辰会状，礼部尚书，谥文定。《明史》有传。

王鏊，字济之，又字守溪，吴县人。成化甲午解元，乙未会元、探花，武英殿大学士，谥文恪。《明史》有传。有《王守溪文稿》。

蔡清，字介夫，晋江人。成化丁酉解元，甲辰进士，南京国子监祭酒，赠礼部侍郎，谥文庄。祀文庙，《明史》入《儒林传》。

邵宝，字国贤，又字二泉，无锡人。成化甲辰进士，南京礼部尚书，谥文庄。《明史》入《儒林传》。

俞桐川曰："制义之有王守溪，犹史之有龙门，诗之有少陵，书法之右军，更百世而莫并者也。前此风会未开，守溪无所不有，后此时流屡变，守溪无所不包；理至守溪而实，气至守溪而舒，神至守溪而完，法至守溪而备。盖千子大力维斗吉士莫不奉为尸祝；而或讥其雕镂，疵其圆熟，则亦过高之论矣。运值天地之和，居得山川之秀，夹辅盛明，大有而不溺，遭逢疑贰，明夷而不伤；于理学为贤，于文章为圣，于经典为臣，于制义为祖，岂非一代之俊英，斯文之宗主欤！"

弘治朝：

钱福，字子谦，又字鹤滩，华亭人。宏治庚戌会状，翰林修撰。有《钱鹤滩稿》。

顾清，字士廉，华亭人。宏治壬子解元，癸丑进士，南京礼部尚书。《明史》有传。

唐寅，字伯虎，又字子畏，吴县人。宏治戊午解元。

伦文叙，字伯畴，南海人。宏治己未会状。

林庭㭿,字利瞻,闽县人,瀚子。宏治己未进士,谥康懿。《明史》附《瀚传》。

王守仁,字伯安,又字阳明,余姚人。宏治己未进士,兵部尚书,封新建伯,谥文成。《明史》有传。

王船山曰:"钱鹤滩与守溪齐名,谓之曰钱王两大家。(中略)缘国初人文字止用平淡点缀,初学小生,无能仿佛,钱王出以钝斧劈坚木手笔,用俗情腐词,着死力讲题面,陋人始有津济,翕然推奉,誉为大家,而一代制作,至成弘而扫地尽矣。"又曰:"无法无脉,不复成文字,特世所谓成弘法脉者,法非法,脉非脉耳。"顾俞桐川极崇之,曰:"钱鹤滩少负异才,科名鼎盛,文章衣被天下,为制义极则,世之所谓才者,倾倚偏驳,奔放纵横,其气外轶,其理内绌,虽足以惊世骇俗,然率不能久。鹤滩之文,发明义理,敷扬治道,正大醇榷,典则深严,即至名物度数之繁,声音笑貌之末,皆考据精详,摹画刻肖,中才所不屑经意者,无不以全力赴之。成名之故，岂偶然哉！"至论顾清，则曰："其文有高峻之风。"唐寅则"方严正洁，近于老师宿儒"。陈继儒尝谓：唐子畏初为诸生，纵酒放怀，时人或非笑之。唐曰：闭户经年，取解首如运掌耳。宏治戊午果举省元。若王文成之《公子哙不得与人燕》二句文，桐川谓读之可以见擒宸濠手段者，其文诚如法吏断狱，愈转愈严。文云："今夫为天守器者君也，为君守侯度者臣也，名义至重，僭差云乎哉！故燕非子哙之燕，天子之燕也，召公之燕也。象贤而世守之，以承燕祀，以扬休命，子哙责也。举燕而授之人，此何理哉！恪恭而终臣之，以竭忠荩，以谨无将，子之之分也，利燕而袭其位，罪亦甚矣。尧舜之传贤，利民之大者也，哙非尧舜，安得而盗其名。舜禹之受禅，天人之从之也，子之非舜禹，安得而袭其故。夫君子之于天下，苟非吾之所有，虽一毫而莫取也，况授受之大乎！于义或有所乖，虽一介不以与人也，况神器之重乎！夫以燕之君臣，而各负难逭之罪如此，有王者起，当伐之矣。"

正德朝：

邵锐，字士仰，仁和人。正德戊辰会元，太仆寺卿，谥康僖。

唐皋，字心庵，又字守之，歙县人。正德癸酉举人，甲戌进士，状元。

汪应轸，字子宿，又字青湖，山阴人。正德丁丑进士，《明史》有传。

季本，字明德，又字彭山，山阴人。正德丁丑进士，长沙知府。

张经，寄姓蔡，字廷彝，侯官人。正德丁丑进士，以兵部尚书兼都御史总制南直隶湖广江西闽浙山东两广七省。为赵文华所诬论死，谥襄愍。《明史》有传。

邵锐之《夏后氏五十而贡》节后二比云："夏人之贡法，固以十分之一为常数也。商制则于公田七十亩之中，以十四亩为庐舍，每夫实助公田七亩，并私田七十亩，为十分而取其一，则虽轻于什一，是亦不过什一也。周之乡遂因用贡法以为常例也。而都鄙于公田百亩之中，以二十亩为庐舍。每夫实耕公田十亩，并私田百亩，为什一分而征其一，则虽过于什一，是亦不越什一也。"此文最以考核见长。黄贞父曰："经制题不可杜撰，不可浮着；如此作是老算手，是真作家。"唐皋则襟怀洒脱，才思敏捷，文不加点；若中有所改动，即别构一篇。少负才，自以为必售；及屡困场屋，时人嘲之曰："徽州有个唐皋哥，一气乡闱走十科。解元收拾荷包里，其奈京城翦绺多！"皋闻之，志益壮，自署斋壁曰："愈读愈不中，唐皋其如命何！愈不中愈读，命其如唐皋何！"及中甲戌状元，皋年已四十六岁矣。事见《制义科琐记》，八股文坛之佳话也。至季本师承阳明著书数百万言，皆行于世。其制义恪守传注，最能谨严法度云。

嘉靖朝：

海瑞，字汝贤，又字刚峰，琼山人。嘉靖己酉举人，南京右都御史，谥忠介。《明史》有传。

王慎中，字道思，又字遵岩，晋江人。嘉靖丙戌进士，河南参政。《明史》入《文苑传》。

罗洪先，字达夫，又字念庵，吉水人。嘉靖己丑进士，状元，春坊左赞善，谥文庄。《明史》入《儒林传》。

唐顺之，字应德，又字义修，又称荆川，武进人。嘉靖己丑会元，佥都御史，巡淮扬，谥襄文。《明史》有传。

梁怀仁，字宅之，晋江人。嘉靖己丑进士。

郑晋，字□□，南安人。嘉靖辛卯举人，壬辰进士。

林春，字子仁，□□人，寄籍泰州。嘉靖壬辰进士，状元。

吕本，字汝立，又字南渠，余姚人。嘉靖壬辰进士。

王樵，字明逸，金坛人。嘉靖乙未进士，南京右都御史。

许穀，字仲贻，上元人。嘉靖乙未进士，江西提学佥事，南京尚宝卿。

薛应旂，字仲常，又字方山，武进人。嘉靖甲午举人，乙未会元，陕西体提学副使。

诸燮，字理斋，□□人。嘉靖甲午举人，乙未进士。

嵇世臣，字□□，□□人。嘉靖乙未进士。

茅坤，字顺甫，又字鹿门，归安人。嘉靖戊戌进士，大名兵备副使。《明史》列《文苑传》，有《茅鹿门稿》。

叶经，字东园。

归有光，字熙甫，又字震川，昆山人，徙居嘉定。嘉靖庚子举人，乙丑进士，太仆寺丞。《明史》列入《文苑传》，有《归震川稿》。

高拱，字肃卿，新郑人。嘉靖辛丑进士，大学士，谥文襄。《明史》有传。

瞿景淳，字师道，又字昆湖，常熟人。嘉靖癸卯举人，甲辰会元，南京吏部侍郎，谥文懿。《明史》有传。

王世贞，字元美，又字弇州，太仓人。嘉靖丁未进士，刑部尚书。《明史》列《文苑传》。

张居正，字太岳，江陵人。嘉靖丁未进士，太师，吏部尚书，中极殿大学士，谥文忠。《明史》有传。

胡自蒙，字目门，又字正甫，余姚人。嘉靖丁未会元，探花，国子祭酒。

林燫，字贞恒，又字对山，闽县人。嘉靖丁未进士，南京礼部尚书，谥文恪。《明史》附《林瀚传》。

王任用，字汝钦，太仓人。嘉靖乙未进士。

杨继盛，字仲芳，又字椒山，容城人。嘉靖丁未进士，兵部员外郎，谥忠愍。《明史》有传。

胡友信，字思泉，德清人。嘉靖己酉举人，隆庆戊辰进士。有《胡思泉稿》。

邵圭洁，字伯如，一字茂斋，又称北虞，常熟人。嘉靖己酉举人。

傅夏器，字廷璜，又字锦泉，南安人。嘉靖庚戌会元。

孙溥，字□□，丰城人。嘉靖壬子解元。

王锡爵，字元驭，又字荆右，太仓人。嘉靖壬戌会元，榜眼，大学士，谥文肃。《明史》有传。

许孚远，字孟中，又字敬庵，德清人。嘉靖壬戌进士，南京兵部侍郎，谥恭简。《明史》入《儒林传》。

章礼，字约之，会稽人。嘉靖甲子解元，戊辰进士，通政司参议。

陈栋，字隆之，南昌人。嘉靖乙丑会元，探花。

胡定，字二溪，□□人。

卢前案：黄氏所列嘉靖一朝之作者，大率在八股文外，亦有所表见，如唐荆川、归震川、茅鹿门，以至王元美，皆卓有声名于文学史者。林于川雨化曰："唐荆川顺之精于制义，有自为诗云：'文入妙来无过熟，书从疑处更须参。'此荆川自道其所得也。荆川有极巧之文，而其实不过是极熟，如《不揣其本而齐其末》两节叠下两比喻，一反一正，文气流走不齐，荆川制作两扇时使之齐，中用两语递过，通篇读之，又只似流水不齐文法，此所谓巧从熟生也。文云：'且夫两物相形，而高下异焉。所以辨其高下者，未尝不兼本末而较之也。故寸木之与岑楼，其高下至易知也。今也不复揣其下之平，而但取其上之齐，是寸木固可使之高于岑楼矣。今论礼者不究其本，而必曰礼食亲迎而已，论食色者不究其本，而必曰饥死与不得妻而已；是食色固可使之重于礼矣。任人之说，似亦无足怪者，虽然此特自其一偏而言之耳，而非所以道其常也。何者？两物相形，轻重异焉，所以辨其轻重者，未尝不等其轻重而较之也，故金之与羽，其轻重至易知也。今以一钩金之寡，而较一舆羽之多，而谓足以概金羽之轻重也，岂理也哉！今论礼者不量其多寡，而必曰礼食亲迎而已，论食色者不量其多，而必曰饥死与不得妻而已，如是而谓足以较礼与食之轻重，又岂理也哉！任人之论，其不可也明矣。'俞桐川谓此等作法，成弘正嘉间多有之，隆庆以后则绝响矣。"桐川之论薛应旂谓：能贯通六经，发而为文，如金出冶，如玉离璞，光芒焕然；又精于史学，宋元通鉴，昭代宪章，皆有功当世。嘉靖乙未，已拟第一，偶让石城，然后世论文者，必以方山为首。三主棘闱，甄别士类，声称藉甚。至其视学两浙，严而有礼，多士有薛夫子之号。旧称王钱唐瞿为四大家，浙人去鹤滩而易以方山，世未有非之者。许榖与方山同为蔡鹤江所得士，所著诸稿，士林争购之。朱梅崖论许孚远文，以为清切纯懿，中边俱澈；理熟而词快，非浅学可几也。林乔荫自称少承庭训，令熟读罗念庵洪先《后生可畏》文云："使能以志帅气焉，远大之承，固可预期于今日。苟其进而不已焉，高明之极难以限量其将来。"读之使人神旺，八股文固有此类动人之作也。至诸燮之文，倾欹偏侧，游衍散淡，无意于工，而不诡于理。后人搦管摹之，愈慕愈远，非文不及理斋，乃俗病之不可除也。昔人评理斋文曰：不衫不履，物外遗人。求理斋者，当求其所以不俗之故则几矣。《四勿斋随笔》云："前明叶东园经，嘉靖癸卯巡按山东，作乡试《无为而治》一节题程文。大结内有：'继体之君，未尝无可承之法；但德非至圣，未免作聪明以乱旧章'等语。世宗见之大怒，以为讥讪，逮讯毙于杖下，文字痛快之极，其受祸乃至于此，亦明哲之所讥矣。"又梁怀仁己丑会墨《孔子圣之时者也》文，中幅云："仕惟其时，不必待天下之清也，止惟其时，不必任天下之重也。先事之机，泯于无，而至虚之应通乎有；其一元气之流行矣乎！久也以时，无穷日之力也；速也以时，无三年之治也。固我之私忘乎内，而神明之速运乎内；其一天地之气象矣乎！"后幅云："学孔先夷，定其守也。学孔先孟，辨其志也。"梁章钜以为皆超凡入圣语。（见《制艺丛话》卷五）卫壮谋《文行集》云："王任用，字汝钦，太仓人。弇州先生族孙，试久不利，益治经术。嘉靖丁未会试揭晓日，无报捷者，自分复刖，疾视其稿，曰：'文如此，何以得隽！'既知在第二名，复取稿视之曰：'文如此，何以不元！'闻者绝倒。"是科题为《固天纵之将圣》二句，王任用破题云："圣人者，天厚其德，而兼通乎艺者也。"会元胡正蒙破题云："贤人论天厚圣人以德，而有以兼乎艺者也。"评者遂谓王破用"兼通"二字，不如胡破只用一"兼"字妙。俞桐川论胡定曰："二溪隽于嘉靖之季，文尚博大，其势固然；而间出其朴淡之笔，则屈曲变化，致不可测。余尝谓薛方山文能密而不能疏，诸理斋文能疏而不能密；惟胡二溪兼之。文虽不多，可以传矣。"

052

论成弘以来之文，条理简括，莫过于郑灏若。其言曰："溯自成化文体大备而后，顾东江，以高峻称。李空同，以峭洁称。唐子畏，以方正称。罗迂冈，以简贵称。王阳明，以为醇茂称。顾文康，以端严称。杨升庵，以光芒称。舒国裳，以气节称。汪青湖，以宏大称。季彭山，以精谨称。崔东洲，以坚洁称。罗念庵，以深远称。诸理斋，以淡隽称。稽川南，以老辣称。海刚峰，以光怪称。莫不分道扬镳，各森壁垒。及乎嘉靖之季，此道浸衰，古法荡析。于是，茅鹿门以其名贵，王方麓以其精采，周莱峰以其潇洒，陶朴庵以其遒炼，王荆石以其廓大，许敬庵以其茂畅，相与维持之，犹未失宋人之旧，厥功茂焉。世以中兴目之，岂肤言哉！"而杨懋建论曰："正嘉之间，名手辈出，归唐皆以古文为时文，唐则指事类情，曲折尽意，使人望而心开；归则精理内蕴，浩气流转，使人入其中而茫然；盖由一深透史事，一兼达于经义也。以古文为时文，自唐荆川始，归震川又恢之以闳肆，实能以欧苏之气，达程朱之理，而吻合于当年之语意。其议论则引星辰而上也，其气势则决江河而下也，其根本则稽经而诹史也，文之疏达者，不能遒厚，矜重者不能优闲，惟震川兼而有之。尝论震川文有二类，皆高不可攀：一则醇古疏宕，运《史记》欧曾之议法，而与题相会。一则朴实发挥，明白纯粹如道家常事，人人通晓。自有震川之文，制艺一术，可以百世不湮。"方苞《钦定四书文·凡例》曰："明人制艺，体凡屡变；自洪永至化治百余年中，皆恪遵传注，谨守绳墨，尺寸不渝。至正嘉作者，始能以古文为时文，融液经史，使题之义蕴，隐显曲畅，为明文之极盛。隆万间，兼讲机法，务为灵变，虽巧密有加，而气体蕗然。至启祯诸家，则穷思毕精，务为奇特，包络载籍，刻雕物情，凡胸中所欲言者，皆借题以发之。凡此数种，亦各有所长，各有所蔽。化治以前，亦有直写传注，寥寥数语，及对比改换字面而意义无别者。正嘉而后，亦有规模虽具，精义无存，及剽袭语录，肤廓平衍者。隆万亦有轻剽促隘，无实理真气者，启祯名家之桀特者，思力所造，途径所开，或为前辈所不能到，其余佝弃规矩以为奇，剽剥经子以为古奥，雕琢字句以为工雅，而圣经贤传本义转为所蔽矣。"此说虽略，而源流甚明。顾焦循以正变之说论，则曰："大抵化治正嘉为'正'，而隆万启祯为'变'；正者不过注疏讲义之支流，变者乃成知言论世之渊海。此犹诗至李杜韩白，词至苏辛也。变之极，不无奇滥，则矫以复正，然体益纯而益窘，遂复为注疏讲义之附庸矣。"由是言之，八股文演进至成弘而体备，至正嘉而登峰造极；不可谓非最盛之时期。

第四章　隆万以后之作风

　　《明史·选举志》曰："论者以明举业文字,比唐人之诗:国初比初唐,成弘正嘉比盛唐,隆万比中唐,启祯比晚唐云。"王景盘(名祖庚,丹徒人,有《制艺章稿》。)论隆庆万历后以至明末之八股文,以为有五特色:一曰,认题之细。文之精美者,必先察题,以期其不蔓不枝,俾详察周虑,以见其精神。二曰,意测经旨。文既细密,于经文乃尽心力以深究之,揣摩语调,仿佛口气,务期克尽代圣立言之义。三曰,无施不可。虽然,制艺有一定程式,有对仗,有犯上侵下之律;而作者未尝因此自限,每能于言外逞其辞锋也。四曰,遣词之美。格律最严之文体,往往有绝佳之作品;前者谓从心思上出奇,此则指以文字炫美者言也。五曰,不着边际。八股文既以代圣人立言为归，所陈述皆哲理抽象之言；作者每渲染适如其分之辞，出语则面面可通，为敷衍成篇之诀。聊以造句上技巧，为引人注目之具。于无可如何中，为此出奇求售之计，用心诚良苦矣！其结果遂使举国之人，养成一种不求甚解之恶习，以似是而非之说相标示，少彻底之思想，无分析之能力，其影响于后来者不小；是固八股文之弊也。方望溪曰："隆万间兼讲机法，务为灵变；虽巧思有加，而气体荼然矣。启祯诸家，穷思毕精，务为奇特，包络载籍，刻雕物情，凡胸中所欲言者，皆借题以发之；就其善者，可兴可观，光气自不可泯。"梁氏题名与黄人所列表，载之亦详。

隆庆朝：

黄洪宪，字懋中，又字葵阳，秀水人。隆庆丁卯举人，辛未进士，少詹事。

田一俊，字德万，大田人。隆庆戊辰进士，礼部侍郎。《明史》有传。

杨起元，字贞复，归善人。隆庆丁卯举人，万历丁丑进士，吏部侍郎，兼翰林院侍讲学士，谥文毅。

李廷机，字尔张，又字九我，晋江人。隆庆庚午北直解元，万历癸未会元，榜眼，东阁大学士，谥文节。有《李九我稿》。

邓以赞，字汝德，又字定宇，新建人。隆庆辛未会元，探花，吏部侍郎，赠礼部尚书，谥文洁。《明史》有传。

方大美（前案：《黄表》于大美字里履贯未详）。

俞长城谓：以禅入儒，自王龙溪诸公始也。以禅入制义，自杨贞复起元始也。贞复受业罗近溪，辑有《近溪会语》一书，故其文率多二氏之言，艾东乡每以为訾，乃文之从禅入者，其纰缪处，固不堪入目；偶有妙悟精洁之篇，则亦非人所及。故归胡以雄博深厚称大家，而贞复与相颉颃。其得力处，固不可诬也。贞复尝入侍经筵，崇志勤学，几于醇儒，又以扶丧哀毁，感寒成疾，近于笃行；其可议者，仍在文耳。然披沙得金，凿石成璞，宝光自著于宇宙，乌得以一家之论掩之哉！因八股文推论及其为人，是当日文与人两不相离，亦有足取焉。李廷机与邹德溥齐名，时论文者，必曰邹李，其实两人不特文相似，名位亦相伯仲也。然文物之盛，隆庆以视万历，究有不逮矣。

万历朝：

苏濬，字君禹，又字紫溪，晋江人。万历癸酉解元，丁丑进士，广西参政。

孙鑛，字文融，又字月峰，余姚人。万历甲戌进士，南京兵部尚书。

赵南星，字梦白，又字侪鹤，高邑人。万历甲戌进士，吏部尚书，谥忠毅。《明史》有传。

顾宪成，字叔时，又字泾阳，无锡人。万历丙子解元，庚辰进士。吏部文选郎中，赠吏部右侍郎，谥端文。《明史》有传，有《顾泾阳稿》。

刘廷兰，字国征，又字纫华，漳浦人。万历丙子解元，庚辰进士。

万国钦，字二愚，江西人。隆庆庚午举人，万历癸未进士，南京刑部郎中。《明史》有传，有《万二愚稿》。

魏允中，字懋权，南乐人。万历庚辰进士，吏部主事。

钱槚，□□□□□人。万历庚辰进士。

邹德溥，字汝光，又字泗山，安福人。司经局洗马。《明史》附《儒林传》，有《邹泗山制义》。

汤显祖，字若士，又字义仍，临川人。万历癸未进士，礼部主事，谪徐闻典史，稍迁遂昌知县。《明史》有传，有《玉茗堂稿》。

叶修，字永溪，南昌人。万历癸未进士。

吴道明，□□□□□人。万历丙戌进士。

陶望龄，字周望，又字石箦，会稽人。万历乙酉举人，乙丑会元，探花，国子监祭酒，谥文简。

王衡，字辰玉，又字缑山，太仓人，锡爵子。万历戊子解元，辛丑进士，榜眼，翰林编修。《明史》附《王锡爵传》。

董其昌，字玄宰，又字思白，华亭人。万历己丑进士，南京礼部尚书，谥文敏。《明史》入《文苑传》。

吴化，字敬之，黄安人。万历戊子解元，乙未进士。

郝敬，字楚望，又字仲舆，京山人。万历己丑进士，礼科给事中。《明史》附《文苑李维桢传》。

吴默，字因之，又字无障，吴县人。万历壬辰会元，有《吴会元真稿》。

黄汝亨，字贞父，仁和人。万历辛卯举人，戊戌进士，江西参议。

魏光国，字士为，□□人。万历庚戌进士。有《魏合虚先生稿》。

汤宾尹，字嘉宾，宣城人。万历甲午举人，乙未会元，榜眼，南京国子监祭酒。

孙慎行，字闻斯，又字淇澳，武进人。万历乙未进士，南京礼部尚书，谥文介。《明史》有传。

曹学佺，字能始，又字石仓，侯官人。万历乙未进士，四川按察使。唐王时，授太常卿，迁礼部侍郎，加尚书。《明史》入《文苑传》，谥文节。

王畿，字翼邑，又字慕蓼，晋江人。万历戊戌进士，浙江布政使。

骆日升，字台晋，晋江人。万历辛卯举人，乙未进士，四川参政，赠光禄卿。

许獬，字子逊，又字钟斗，同安人。万历辛丑会元，翰林编修。有《许钟斗稿》。

张以诚，字君一，青浦人。万历辛丑会元，春坊谕德。

刘宗周，字起东，又字念台，山阴人。万历辛丑进士，左都御史，赐谥忠介。《明史》有传。

王纳谏，字圣俞，江都人。万历癸卯解元，丁未进士。

李光元，字□□，□□人。万历庚子应天举人，丁未进士。

韩敬，字求仲，归安人。万历庚戌会状，翰林修撰。有《韩求仲稿》《程墨文宝》。

钟惺，字伯敬，天门人。万历庚戌进士，福建提学佥事。《明史》附《文苑袁宏道传》。

张寿朋，字冲和，南城人。万历癸未进士，庐州通判。

钱士鳌，字季梁。

王士骕，字房仲。

方应祥，字孟旋，归安人。万历丙午举人，丙辰会元。

袁黄，字了凡，嘉善人。万历丙辰进士，兵部主事。

黄道周，字幼元，一字螭若，又字石斋，漳浦人。万历戊午举人，天启壬戌进士，少詹事，后为唐王礼部尚书，武英殿大学士。《明史》有传，赐谥忠端，从祀文庙，有《骈枝集》。

姜曰广，字居之，又字燕及，新建人。万历乙卯举人，己未进士，吏部左侍郎，左迁南京太常卿，福王时为礼部尚书，东阁大学士。《明史》有传。

顾锡畴，字九畴，又字瑞屏，昆山人。万历己未进士，南京礼部左侍郎。宏光中，进尚书。《明史》有传。

李若愚，字愚公，汉阳人。万历己未进士。

朱梅崖以赵南星《非其鬼而祭之谄也》文最得圣人言表之意。其大结云："藉灵宠于有位，既以谄鬼者而谄人；求凭依于无形，又以谄人者而谄鬼。吾不意世道之竞诣，一至于此！"陈百史以为中有所感，激而为此论。东林之党，首推顾宪成，其著述，炳于天壤，卓然儒者之言。文亦平正通达，不尚诡异。俞桐川与张长史书云："二十年来，文运卑靡，名公巨卿，矫以浩瀚，则又苦无绳尺；自今以后，当救浮滑，以精深返蔓延为简炼，如万二愚者，其选也。"二愚者，万国钦字也。其文简而又简，一以当百。而汤显祖择理精醇，出以名隽。《父为大夫八句》文，阎百诗以为足与传注相辅而行。又《不有祝鮀之佞》文后段云："在朝廷而不佞，难以终宠；即侪党之间，不佞不足以全其身。处怨敌而不佞，难以巧全；即骨肉之际，不佞不足以全其爱。"徐存庵谓其发挥末流情弊，痛快极矣。然以文之机法绵密论，叶修为佳。精实简贵，推钱士鳌。徐存庵论嘉隆之文曰："嘉靖以前，文以实胜；隆万以后，文以虚胜。嘉靖文转处皆折，隆万始圆。"又云："嘉靖文妙处皆生，隆庆万历始熟。"梁省吾云："陶石篑评汤霍林文云，世之评文者，类言好丑，而莫言内外；予仍以内外分好丑，可谓发千古未发之秘。盖外膏内枯，文之下也。外枯内膏，文之上也。昔坡老好渊明之诗以为质而实绮，臞而实腴。且曰佛言食蜜中边皆甜，人能分别其中边者，百无一也。文之内外，其能辨之者，寡矣。汤君之文，所谓外枯而内膏，似淡而实美者。乌乎，此不但评霍林文，直石篑先生自述其文矣。"俞桐川曰："黄石斋先生道周，大节千古，文字其余也，诗传、古文传，又其余也。所刻《骈枝集》，唾弃勿屑，至与郑庶常相对噱笑，先生若不欲以时文传也。然即以时文论，肮脏崛强，不顾世俗，此岂从来制义之所有哉！"《四勿斋随笔》云："名人制义，有说得精实赅括者，便可作座右铭。如万历间李愚公若愚《弟子入则孝》节文中间收束四句云：'盖宽为之途，而使其力量事事有所余，复密为之程，而使其精神息息有所注。'教者学者能事尽此数语矣。"虽然，以时文为语录，究非正宗。然愚公能以坚苍驱软媚，固足以起久病之尪矣。

天启朝：

文震孟，字文起，又字湛持，长洲人。天启壬戌进士，状元。东阁大学士，谥文肃。《明史》有传。

章世纯，字大力，临川人。天启辛酉举人，柳州知府。《明史》附《文苑艾南英传》，有《章大力稿》。

金声，字正希，嘉鱼人，休宁籍。天启甲子顺天举人，崇祯戊辰进士。山东佥事，唐王时，以右都御史，总督诸道军，谥文毅。《明史》有传，有《金正希稿》。

何楷，字元子，漳州镇海卫人。天启甲子举人，乙丑进士，吏科给事中，唐王时，为礼部尚书。《明史》有传。

左懋第，字萝石。（华阳人，崇祯进士。谥忠贞。）

项煜，初字仲昭，后字水心，吴县人。天启甲子举人，乙丑进士。有《东野堂稿》。

叶绍袁，字仲韶，吴江人。天启乙丑进士，工部主事。

华琪芳，字未斋，无锡人。天启乙丑会元，榜眼。

凌义渠，字峻甫，又字茗柯，乌程人。天启甲子举人，乙丑进士，大理寺卿，赠邢部尚书，谥忠清，清谥忠介。《明史》有传，有《凌茗柯稿》。

艾南英，字千子，东乡人。天启甲子举人，唐王时，授兵部主事，改御史。《明史》入《文苑传》，有《艾子著书》《文定》《文待》。

黄文焕，字维章，永福人。天启甲子举人，乙丑进士，翰林，由知县擢编修。

熊开元，字鱼山，嘉鱼人。天启乙丑进士，吏科给事中，甲申后为僧。

罗万藻，字文止，临川人。天启丁卯举人，崇祯戊辰进士。有《罗文止稿》。

谭元春，字友夏，天门人。天启丁卯举人。

章淳

沈几，字去疑，长洲人。天启丁卯解元，崇祯辛未进士。

夏曰瑚，字涂山，山阳人。天启丁卯举人，崇祯辛未进士，探花。

黎元宽，字□□，□□。天启丁卯举人，崇祯戊辰进士。

嘉隆以后，殿元鲜得其人，熹朝改元，廷臣思获国士，咸推文湛持震孟。榜发，中外称庆。身为诸生，而名震朝野，可见当时士大夫尚留心人物，而方正峻洁之士，不至终遭摈弃也。相传震孟《夫子至于是邦也必闻其政》文云："以邦君之敬信，而卒不能用圣人，夫非限圣人限衰周也；邦君不能用圣人，犹知敬信圣人，夫非露人情露人性也。"张惕庵以为说得透彻之极。章世纯文，幽深沉鸷，一溪一壑，皆藏蛟龙，不崇朝而云雨及天下。世纯与同郡艾南英、罗万藻、陈际泰以兴起斯文为任，刻四人所作行之世，世人翕然归之，称为"章、罗、陈、艾"。而当时金声卓然为一大家。方苞尝评其文云："当求其根柢济用，与性质光明处，乃立言不朽之根源也。"其最脍炙人口者，如《德行》一节文中二比云："道大莫能容，所欲杀者夫子，而于诸贤无忌也；设诸贤非从夫子游，挟其德行、言语、政事、文学，以博取人间富若贵，与一切功名才望，固自易易，何困厄若斯也，而诸贤不愿也。圣人无厄地，所自信者天命，而人心则不敢必也；设诸贤但以从夫子之故，奉其德行、言语、政事、文学，以投凶暴之一烬，而师弟朋友，无一存者，固事理之常，亦无可如何也，而诸贤不惧也。"李厚庵訾议之，而方苞以为《史记》之文，显悖于道者多矣，而呜咽淋漓，至今不废也；故亦不以拟诸贤而少之。《四勿斋随笔》云："吾乡何元子楷有《古周易订诂》，人皆知其经学之深，而不知其制义之工亦一时劲手。中天启五年进士。钱吉士曰，子丑间文□绝一时，今陨已久矣，惟元子之苍坚，至今未凋也，可想其概矣。"阎百诗曰："集注以法语巽言作对，而正文与字之神不出。惟左萝石懋第文云："言也者，所以匡救人也，人之流于失者，或有万端；而我之匡救之者，止持一法。则其势必穷，于是法语之言不得不巽以与言之；而言者之心，亦大非获已矣。"还出正文与字，于理始足。"至义凌渠《勾践事吴》文，最能开拓读者之心胸，其后二比云："自古女戎常独胜，即今三方挫衄之余，一洗风华之旧；而穷巷幽姿，何以绝世而独立，斯亦天道之未可深言者也。自古忠佞不同朝，当此君臣相悦之时，已佐小人之焰；而三言投杼，安在元老而壮猷，斯又人事之不必再计者也。"出比西子，对比子胥，此吴越故事，何人不知；而独出以沉郁悲凉，淋漓激切。俞长城所谓绝似唐人吊古诗也。李调元云："崇祯庚午应天乡试主司姜燕及先生曰广，得章淳卷，首题为《举直错诸枉》一节，读至'其人本来，如是所谓直也'句，悚然曰：'如此卷不可以坐阅。'遂立诵之，置第四名。"徐存庵曰："沈去疑几，崇祯辛未进士，有《布缕之征全章》文，中一段云：'夫民也，财力皆愿自效，拮据亦所不解。尽而征之，讵敢言怨，所最苦矣，既已殍既已离矣。有司课民而不应，罪乃在民；司农课吏而不应，罪又在吏，朝廷以为此故额也，官府亦曰此故额也，指饥寒为不谋朝夕之愚夫，坐流亡为不事生业之游手。孰悉其故而痛其伤者哉！由是观之，缓不缓之际亦危矣。'"论罗万藻文，以文盛堂全稿本前所记为最当，其言曰："窃闻四公之为人也，陈旷朗而傲疏，章豪宕而镂刻，艾则刚正简直而不能容物，惟罗沉静澹易，独无矜竞之风，此四公之人品，即四公之文品也。四公生平契密，然陈章皆为南中声气所构，致隙末于东乡，而罗独巍然始终无少闲，此又以文品验人品，信旷朗豪宕者易摇，而沉静澹易者难动也。"艾南英有《应试文自叙》，不独自述其艰苦，且于以可见应举之现象，故附录于此。叙云："余以童试，受知于李养白先生。其明年春，为万历庚子，始籍东乡县学。迄万历己未，为诸生者二十年，试于乡闱者七年，饩于二十人中者，十有四年。所受知郡太守凡三人，所受知督学使者凡六人，于是先后应试之文积若干卷。既删其不足存者，而其可存者，不独虑其亡佚散乱，无以自考。又重其皆出于勤苦忧患惊怖束缚之中，而且以存知己之感也。乃取而寿之梓，而序所以梓之之意。曰：嗟乎，备尝诸生之苦，未有如予者也。旧制诸生于郡县有司，按季课程，名季考。及所部御史入境，取其士什之一而校之，名为观风。二者既非诸生黜陟之所系，而予又以懒慢成癖，辄不与试。独督学试者于诸生为职掌，其岁考，则诸生之黜陟系焉。非患病及内外艰无不与试者。其科考，则三岁大比，县升其秀以达于郡，郡升其秀以达于督学，督学又升其秀以达于乡闱。不及是者，又于遗才大收以尽其长，非是途也，虽孔孟无由而进。故予先后试卷，尽出是二者。试之日，衙鼓三通，虽冰霜冻结，诸生露立门外，督学衣绯坐堂上，灯烛围炉轻暖自如。诸生解衣露立，左手执笔砚，右手持布袜。听郡县有司唱名，以次立甬道，至督学前。每诸生一名，搜检军二名，上穷发际，下至膝踵，裸腹赤踝，至漏数箭而后毕，虽壮者无不齿震悚栗，以下大都寒沍不知为体肤所在。遇天暑酷烈，督学轻绮荫凉，饮茗挥篦自如，诸生什伯为群，拥立尘坌中。法既不敢扇，又衣大布厚衣，比至就席，数百人夹坐，蒸熏腥杂，汗流浃背，勺浆不入口。虽设有供茶吏，然率不敢饮，饮必朱钤其牍，疑以为弊，文虽工，降一等。盖受困于寒暑者如此。既就席命题，一以教官宣读，便短视者。一书牌上，吏执而下巡，便重听者。近废宣读，独以牌书某学某题。一日数学，则数吏执牌而下，而予目短视，不能咫尺。必屏气询旁舍生问所目。而督学又望视台上，东西立瞭望军四名，诸生无敢仰视。四顾离立倚语者，有则又朱钤其牍，以越规论。文虽工，降一等。用是腰脊拘困，虽溲溺不得自由。盖所以絷其手足便利者又如此。所置坐席，取给工吏，吏大半取渔所费。仓卒取办，临时规制，狭迫不能舒左右肱。又薄脆疏缝，据坐稍重，即恐折仆。而同坐诸生常十余人，虑有更号，率十余坐以竹联之。手足稍动，则诸坐皆动。竟日无安境。且自闽中北上督学，重怀挟之禁。诸生并不得执砚，砚又取给工吏。率皆青刓顽石，滑不受墨，虽一事足以困其手力，不幸坐漏痕承檐所在，霖雨倾注，以衣覆卷，疾书而毕。其受困于胥吏之不谨者又如此。比阅卷，大率督学以一人阅数千人之文，文有平奇虚实烦简浓淡之异；而督学之好尚亦如之。取必于一流之材，则虽宿学不能以无恐。高下既定，督学复衣绯坐堂上，郡县有司候视门外，教官立阶下，诸生俯行以次至几案前，跪而受教，嗫不敢发声。视所试优劣，分从甬道西角门而出。当是时，其面目不可以语妻孥。盖所为拘牵文法，以困折其气者又如此。至入乡闱，所为搜检、防禁，囚首垢面，夜露昼曝，暑暍风沙之苦，无异于小试。独起居饮食，稍稍自便。而房师非一手，又皆簿书狱讼之余，非若督学之专静屏营，以文为职，而予七试七挫，改弦易辙，智尽能索。始则为秦汉子史之文，而闱中目之为野。改而从震泽毗陵成宏正大之体，而闱中又目之为老。近则虽以《谷》《公》《孝经》韩欧苏曾大家之句，而房师亦不知其为何语。每一试已，则登贤书者，虽空疏庸腐，稚拙鄙陋，犹得与郡县有司分庭抗礼。而予以积学二十余年，制义自鹤滩守溪，下至宏正嘉隆大家，无所不究；书自六籍、子史、濂洛关闽、百家众说、阴阳兵律、山经地志、浮屠老子之文章，无所不习，而顾不得与空疏庸腐稚拙鄙陋者为伍。入谒上官，队而入，队而出，与诸生等。每一念至，欲弃举业不事，杜门著书，考古今治乱兴衰以自见于世。而又念不能为逸民以终老。嗟乎，备尝诸生之苦，未有若予者也。古之君子，有所成就，则必追原其剔历勤苦之状以自警，上至古昔圣人昌言交拜，必述其艰难创造之由。故曰逸能思初安能惟始，予虽事无所就，试卷亦鄙劣琐陋，不足以存。然皆出于勤苦忧患惊怖束缚之中。而况数先生者，又皆今世名人巨公。予以一日之蓺，附弟子之列。语有之："知己重于感恩。"今有人于此，衣我以文绣，食我以稻粱，乐我以台池鼓钟，使其读予文，而不知其原本圣贤，备见古今道德性命之所在，予终不以彼易此。以其出于勤苦忧患惊怖束缚之中，而又以存知己之感，此试卷之所为刻也。若数科闱中所试，则世皆以成败论人，不欲尘世人之耳目，又类好自表见，形主司短长，故藏而匿之，终不能忘其姓名。驹儿五岁能读书，将分识而使掌之，曰：此某司理某，今伊为房考时所揿也，既以阴志其姓名，且使驹儿读而鉴，鉴而为诡遇之文以逢时，无学乃父之拙也。"

崇祯朝：

曹勋，字允大，又字峨雪，嘉善人。崇祯戊辰会元，有《曹允大集》。

杨廷枢，字维斗，长洲人。崇祯庚午解元，福王时，兵科给事中。有《杨维斗自订稿》与钱吉士合选《同文录》。

刘侗，字同人，麻城人。崇祯甲戌进士，吴江知县。

陈际泰，字大士，临川人。崇祯庚午举人，甲戌进士，行人司行人。《明史》入《文苑传》，有《太乙山房稿》《已吾集》。

陈孝威，际泰子，有《痴山集》。

陈孝逸，际泰子，有《壶山集》。

陈子龙，字大樽，又字卧子，华亭人。崇祯庚午举人，丁丑进士，兵科给事中。《明史》有传。有《陈卧子稿》《程墨运隆集》。

吴伟业，字骏公，又字梅村，太仓人。崇祯辛未会元，榜眼，国子祭酒。有《式靡集》。

杨以任，字维节，瑞金人。崇祯辛未进士，国子监博士。有《杨维节稿》。

马世奇，字君常，无锡人。天启甲子举人，崇祯辛未进士，翰林侍读，谥文肃。《明史》有传，有《马君常稿》。

陈名夏，字百史，溧阳人。崇祯癸酉举人，癸未会元探花，入清为秘书院大学士，缘事伏法。有《自订制义明文六十家选》。

章日炌

林垒，字子野，福清人。崇祯癸酉举人，癸未进士，海宁知县。

李青，字太青，又字竹君，金坛人。崇祯甲戌会元。有《李太青稿》。

孙淡一，字自一，□□人。崇祯庚辰进士。

黄廷才，字辛阳。

黄淳耀，初名金耀，字松厓，又字蕴生，以读书陶庵中，又号陶庵，嘉定人。崇祯癸未进士，谥忠节。《明史》入《儒林传》。有《黄陶庵稿》。

王毓蓍，字元趾，会稽人。门人私谥正义先生。《明史》附《刘宗周传》。

徐方广，字思旷，太仓人。崇祯诸生。有《徐思旷稿》。

钱禧，字吉士，（吴门人）有《钱吉士稿》。

包尔庚，字长明，□□人。崇祯丙子举人，丁丑进士。有《包长明稿》《直木居稿》。

彭宾，字燕又，又字穆和，华亭人。崇祯庚午举人。

王自超，字茂远，又字柳潭，□□人。崇祯壬午举人，癸未进士。有《王柳潭稿》。

史可法，字宪之，又字道邻，祥符人。崇祯戊辰进士，南京兵部尚书。宏光时，为督师武英殿大学士。

李腾芳，字湘洲。

方以智，字密之，桐城人。崇祯庚辰进士，翰林院检讨。甲申后，为僧。

徐麟高

周钟，字介生，金沙人。崇祯癸未进士，翰林院编修。有《手定全稿》《未刻全稿》。

邱义，字明大，宁化人。崇祯末诸生。（黄人所列表，止此。）

陈六辰廷训曰："杨维斗《学而时习之》文云：'学有或失则多者，此广侈泛涉以为多也。夫弟子之谊，而有成人之规；象数之陈，而有精义之入。习之者不移其途，而所习则已进乎其解矣。故时而习之则多而非骛博之谓矣！学有或失则寡者，此因陋就简以为寡者也。夫百行之美，而存乎一行之征；万物之义，而视乎一物一格。所习者不改其故，而习之者已变乎其说矣。

故时以习之则寡而非无闻之谓矣。'此为学真谛，抉经之心，却又清空如话，幽讨极至。真当与大士、文止、割据三分。"陈大士际泰产于贫家，常借邻人书读之，不受师傅，卒成大家。然成进士时，年已六十有八。顾其二子孝威、孝逸，并有文采，庚子随父应邑令张采决科，半日各得七义，采贻书张溥，击赏之，事见《搜玉集》。至于几社名士，首推陈卧子子龙。卧子天才迅发，好上下古今，切合时务而敷以藻艳。《国风》好色，《小雅》怨诽，可谓兼之。艾东乡至云间，抗颜南面。惟卧子以少年与之争。东乡主理学，卧子主议论；东乡主秦汉，卧子主晋魏。互持不相下，至于攘臂。徐存庵评卧子之文，以深于先秦两汉，其为气也雄健。《实胜伐柯一节》题文，清腴隽永。恒恂孺以"释氏桃花，庄生秋水"喻其妙谛。存庵仍谓其毕竟是雄健本色。方苞曰："黄蕴生（淳耀）文，较金陈章罗气质略粗，而指事类情，肝胆呈露，精神自不可磨灭。"又曰："金黄二家之文，言及世道人心，便能使读者义理之心，勃然而生，故知言者心之声，不可以伪为也。如《见义不为无勇也》篇，与《人而无信章》篇，皆脍炙人口，而《见义》篇尤卓炼。"前案：方氏所录《明文正气集》备载诸篇。盖淳耀致命遂志，与陈夏同，而平日立品尤过之也。包尔庚于几社文最平实，几社七子好读《文选》，多用骈俪，惟尔庚有峭拔之笔，摇曳之致；故韩菼极赏之。史可法大节高勋，炳耀千古，固不待以其八股文而传；然《芝音阁新著》极言其独出手眼，凿凿而言。徐存庵谓："数百年来人物、精英灿著于尺幅之中者。其声调气味，骨性笔路，无一不似黄石斋也。"若孙淡一《饭疏食三句》文，起句云："今夫贫贱岂易处哉！千古惟宜富贵之人，而后可以处贫贱也。即富贵岂易处哉！千古惟能贫贱之人，而后可以处富贵也。"说者谓数句便是格言，是又囿于习尚，以格言为时文，实未能超脱一时之风气也。

　　郑灏若曰："隆庆时，江陵柄国，蔡阳（黄洪宪）定宇（邓以赞）素所受知。辛未之试，抑蔡阳而元定宇，又复刊其行卷，程式天下，抑何谓也？是科之后，文归正雅。乃至万历一变而为凌驾，再变而为芜秽。狂澜既倒，是所望于大力者。其间如孙月峰（鑛）之安适，赵侪鹤（南星）之矫异，冯具区（梦祯）之恬静，非不矫矫出群，而西江一榜同列之邹泗江（德溥）以冲夷胜，万二愚（国钦）以简括胜，汤若士（显祖）以名隽胜，叶永溪（修）以精醇胜，究亦不能为中流之砥柱，吁，可惜已！太仓主试深厌平易，力求峭刻之文，又适当丙戌风气升降之会。钱季梁（士鳌）因之获隽。故俞长城曰："季梁于地为歧路，于天为闰统，举斯言也，可以窥一时风气所尚矣。及石篑（陶望龄）矫其时习，于是尚凌驾者，衍其法便成俗法；尚斫削者衍其调便成俗调。虽有董思白（其昌）、郝楚望（敬）、吴因之（默）、顾开雍（天埈）、孙淇澳（慎行）、黄贞父

（汝亨）、许钟斗（獬）、张君一（以诚）、方孟旋（应祥）、顾瑞屏（锡畴）、石季常（有恒）、王房仲（士骐）辈，或主高简，或主警卓，或取峭削，或主振拔，或主淳厚，或主幽奥，或主简炼，或主古腴；皆不足以驻峻坡之马，其亦世运使之然也。天崇之间，文体败坏已极，一时转移风气，豫章诸君之力居多。陈大士（际泰）文最奇横，如苏海韩澜。章大力幽深劲鸷，如龙蟠蛟起。罗文止（万藻）清微澹远，如疏雨微云。杨维节（以任）缠绵精采，如剑气珠光。至于千子则所谓公输运斤，指挥如意，师旷辨音，纤微必审者也。他如曹峨雪（勋）、黎博庵（元宽）、陈素庵（之遴）、包宜璧（尔庚）、徐思旷（方广）、钱吉士诸家，皆能上接王归之法，不愧名家大家之目。若夫文湛持（震孟）、黄石斋（道周）、凌茗柯（义渠）、金正希（声）、杨维斗（廷枢）、左萝石（懋第）、陈大樽（子龙）、黄陶庵（淳耀）诸君子，皆见危援命，大节凛然，其人固已炳耀千秋，宜其文之卓越一代也。大抵天启之文深入而失于太格；崇祯之文，畅发而失于太浮。有明三百年文运，始终有如此者。"

明代制义之选本，如苏苞九《甲癸集》捃摭之多，至一百二十四种。黎淳《国朝试录》六百四十卷，辑成化以前之文，邱濬为序。《四书程文》不载选者姓氏，二十九卷，亦明初举业成式。（以上并见《明史·艺文志》。）艾千子有《明文定》《明文待》两种。周介生有《经翼》诸选。杨维斗、钱吉士之《同文录》，亦于文章风气，多所论定。各家文稿，虽亦有存者，然究不多。而清代《钦定四书文》一书，收前代之文凡四百八十六首，亦足以见相承相变之源流，按其可兴可观之实际矣。

第五章　清初八股名作家

　　八股文至明末，臻无施不可之境，在技巧上殆蔑以加矣。入清以后，因圣祖好学术，知制艺之足以羁縻人士，乃益倡导；文章虽不足以超越前明，而在义理上实有进步；其演为考证之学，启朴学之风，讫乾隆朝之中叶而大振。盖所求者在于经，八股文与之同也。举国之人，皆以穷经为制艺，则不复效明代之以新奇耀试官之目；而影响于学术者甚深。及其后，禁学者之博览，以《朱注》为之准绳，其风始渐杀。以是就八股文体言之，明人已造其峰极，而以内容关系学术者，则清人之八股文然也。梁章钜"丛话"于清代八股文家亦具题名，爰分朝录之如左（下）：

顺治朝：

顾炎武，初名绛，字宁人，又字亭林，昆山人。顺治初诸生。

梁清标，字玉立，又字蕉林，正定人。明进士，入清官保和殿大学士。

章金牧，字云李，德清人。由贡生官柏乡知县。有《章云李稿》。

贺应旌，大兴人。顺治乙酉举人。有《采芝堂文稿》。

赵吉士，字恒夫，又字渐岸，又称寄园，休宁人。顺治辛卯举人，户部给事中。

程定鼎，字扶野。

杨雍建，字以斋，海宁人。顺治间拔贡生，兵部左侍郎。有《弗过轩制义》。

刘思敬，字觉岸。

魏裔介，字贞白，又字石生，柏乡人。顺治丙戌进士，保和殿大学士，谥文毅。

邵炳元，字飞虹，长垣人。顺治乙酉解元，丁亥进士，提学道。

范承谟，字觐公，又字螺山，沈阳人。顺治壬辰进士，福建总督，谥忠贞。

徐越，字山琢，又字存庵，山阳人。壬辰进士，监察御史。有《岭南编》。

李之芳，字邺园，武定人。丁亥进士，文华殿大学士，谥文襄。

伊辟，字卢源，又字翕庵，新城人。戊子举人，乙未进士，湖南巡抚。

刘子壮，字克猷，黄冈人。顺治己丑进士，状元，翰林修撰。有《刘克猷稿》。

熊伯龙，字次侯，又字钟陵，汉阳人。己丑进士，榜眼，翰林侍读学士。有《熊钟陵稿》。

施闰章，字尚白，又字愚山，宣城人。顺治丙戌举人，己丑进士，康熙己未词科，翰林院侍讲。有《施愚山稿》。

王庭，字言远，又字迈人，嘉兴人。明举人，顺治己丑进士，山西布政使。有《王迈人稿》。

王广心，字伊人，又字农山，华亭人。己丑进士。有《兰雪堂制义》。

张永祺，字尔成，大兴人，顺治壬辰进士。

李来泰，字仲章，又字石台，临川人。顺治壬辰进士，康熙己未词科，翰林院侍讲。有《李石台稿》。

汤斌，字孔伯，又字潜庵，又字荆岘，睢州人。顺治壬辰进士，康熙己未词科，工部尚书，从祀文庙，谥文正。

宋德宜，字右人，长洲人。乙未进士，文华殿大学士，谥文恪。

汪琬，字钝翁，又字尧峰，长洲人。乙未进士，康熙己未词科，翰林编修。有《明文弋》。

王士祯，字贻上，又字阮亭，新城人。乙未进士，刑部尚书，谥文简。

陆灿，本姓钱，字湘灵，又字圆沙，常熟人。丁酉举人。有《钱湘灵稿》。

熊赐履，字敬存，又字青岳，孝感人。戊戌进士，东阁大学士，谥文端。

陈廷敬，字说严，又字子端，又称午亭，泽州人。戊戌进士，东阁大学士，谥文贞。

蒋德峻，字公选，□□人，戊戌进士。

叶方蔼，字子吉，昆山人。己亥进士，探花，礼部侍郎，赠尚书，谥文敏。

张玉书，字素存，丹徒人。辛丑进士，文华殿大学士，谥文贞。有《张京江文稿》。

马世俊，字章民，又字甸臣，溧阳人。顺治庚子进士，状元，翰林侍读。有《马章民稿》。

纪昀论清代制艺，以刘黄冈、熊汉阳、李文贞、韩文懿为四大家。黄冈者谓刘子壮，汉阳则熊伯龙也。张惕庵评伯龙文宽博似董江都，子壮文雄俊似贾长沙。又谓熊深于经，顾深于史，而王庭深于子书。伯龙《雍也可使南面章》文中二比云："盖简有从敬出者，有不从敬出者。从敬出者，心术正而纲纪立，法去其太甚，令戒其矫诬；天下见有荡佚之乐，而人君常以丛脞为心，此上世之所以治且安也。不从敬出者，性情偏而制防隳，百官有跛倚之容，庶民有流湎之行；朝廷日享无事之福，而天下皆以多事为忧，此后世之所以危且乱也。"子壮对策一篇，论者以为清开国有数文字。惜年之不永，著作罕传。而王广心年十八，应府试以《上下与天地同流》题文冠其军，其惊才绝艳，早发如此。李来泰则以其学著称。俞长城曰："以经为经，以史为史，吾闻之矣。以经为史，以史为经，制义中未见之也。工于制义者，于经明著其理，于史暗征其事；大士陶庵皆然，盖未有经史合一者，惟李石台先生，熟于六经而运以史识，故辟畦开经，微显阐幽，令读者惊魂荡魄；所谓以经为史，以史为经者，于先生见之矣。"又尝谓陆灿之文，得《南华》奇变之美，与《楞严》妙悟之美；原本于经，折衷于程朱。是以淡宕而神不薄，高古而肤不盈。可见八股文之作者亦必沉浸古籍而后始有可观，徒揣摩墨卷不为功也。阮吾山曰："龚芝麓尚书宏奖风流，喜延致海内知名士，岁暮各赠炭资。马甸臣世俊下第，时年以卒岁，袖文谒公，公读而谓《贤者为之乎》篇：'数亡主于马齿之前，遇兴王于牛口之下；河山方以贿终，功名复以贿始'等句，泪泫泫下曰：'李峤真才子也。'赠金八百，并延誉之，明年辛丑，遂中状元。"此又文坛之佳话已！

康熙朝：

颜光敏，字逊甫，又字修来，又字学仙，曲阜人。

康熙丁未进士，吏部郎中。有《颜修来稿》。

张英，字敦复，桐城人。康熙癸卯举人，丁未进士，文华殿大学士，赠太傅，谥文端。

廖腾煃，字占五，又字莲山，将乐人。康熙己酉举人，户部侍郎。有《廖莲山稿》。

牛奎渚，字沧洲，高邮人，康熙己酉解元。

李光地，字晋卿，又字厚庵，又称榕村，安溪人。康熙庚戌进士，文渊阁大学士，谥文贞。有《榕村制义》。

赵申乔，字慎旃，又字伍松，武进人。康熙庚戌进士，户部尚书，谥恭肃。

陆陇其，初名龙其，字稼书，平湖人。康熙庚戌进士，监察御史，赠内阁学士，礼部侍郎，从祀文庙，谥清献。有《陆稼书稿》。

韩菼，字元少，又字慕庐，长洲人。康熙壬子顺天举人，癸丑会元，礼部尚书，谥文懿。有《有怀堂制义》。

陈锡嘏，字介眉，又字怡庭，鄞县人。乙卯解元，丙辰进士，翰林编修。

彭定求，字访廉，又字南畇，长洲人。丙辰会元，状元，翰林侍讲。有《南畇文稿》。

翁叔元，字宝林，又字铁庵，常熟人。丙辰进士，探花，刑部尚书。有《翁宝林稿》。

朱彝尊，字锡鬯，又字竹垞，秀水人。己未词科，翰林检讨。

尤侗，字展成，又字悔庵，又称艮斋，又称西堂，长洲人。己未词科，翰林侍讲。有《尤西堂传稿》。

金德嘉，字会公，又字蔚斋，广济人。壬戌会元，翰林检讨。

许汝霖，字时庵，海宁人。壬戌进士，礼部尚书。

张伯行，字孝先，仪封人。乙丑进士，礼部尚书，谥清恪。有《鳌峰拔萃集》。

杨名时，字宾实，江阴人。康熙辛未进士，礼部尚书，谥文定。

陈鹏年，字北溟，又字沧洲，湘潭人。辛未进士，河道总督，谥恪勤。

杨中讷，字晚研，海宁人，雍建子。辛未进士。

朱轼，字可亭，高安人。康熙甲戌进士，文华殿大学士，赠太傅，谥文端。

赵晋，字昼三，又字二今，侯官人。癸未进士，榜眼。有《赵榜眼存稿》。

汪份，字武曹，长洲人。癸未进士。有《汪武曹时文》《明文必自集》。

何焯，字屺瞻，又字义门，长洲人。癸未进士，庶吉士，赠侍讲学士。有《何屺瞻稿》《行远集》。

方粲如，字文翰，又字朴山，淳安人。乙酉举人，丙戌进士，永济知县。有《集虚斋自订全稿》。

何世璂，字桐叔，新城人。康熙甲子举人，己丑进士，吏部侍郎，直隶总督，谥端简。

张照，字得天，又字天瓶，娄县人。己丑进士，刑部尚书，谥文敏。

徐用锡，字昼堂，又字坛长，宿迁人。己丑进士，翰林侍讲。有《徐坛长稿》。

方舟，字百川，桐城人。康熙初诸生。有《自知集》。

方苞，字灵皋，又字望溪，桐城人，舟弟。己卯解元，丙戌进士，内阁学士，兼礼部侍郎。有《抗希堂稿》。

李承祺，字鹗君，桐城人。

蔡世远，字闻之，又字梁村，樟浦人。己丑进士，礼部侍郎，赠尚书，谥文勤。有《梁村制义》。

张廷玉，字衡臣，又字研斋，桐城人，英子。庚辰进士，保和殿大学士，封勤宣伯，谥文和。

刘捷，字月三，桐城人，康熙辛卯解元。

任兰枝，字香谷，又字随斋，溧阳人。癸巳进士，榜眼，刑部尚书。有《任香谷稿》。

谢道承，字又绍，又字古梅，侯官人。庚子解元，辛丑进士，内阁学士，兼礼部侍郎。

储在文，字六雅，一字礼执，又称中子，宜兴人。戊子举人，辛丑会元。有《经畬堂自订全稿》《课孙稿》。

张惕庵曰："桐城张文端公《爱之能勿劳乎二句》文云：'优容而家有象贤，赓歌而朝无阙政；此亦天下不能数觏之遇，初不欲为人父为人臣者慕此名也。世子令子贤君未必尽成于天性，亦所遇之多淑耳，谁非用此爱与忠者而可不深长思也哉！教不先而子克家，臣非直而君明圣；此亦天下至不可幸之事，更不欲为人子为人君者受此名也。世之慈父忠臣岂求邃谅乎其隐，亦其心不可解耳，谁其受此劳与诲者为可不深长思也哉！'方望溪评此二比，仁义之言蔼如，鄙浅之夫不能作，亦并不能读，此所谓公诚之心，形于楮墨，岂小书生描头画角所能。"李雨村《淡墨录》云："自明末制义之衰，至我朝韩慕庐先生而翕然一变淡滑之习。"《四勿斋随笔》亦云："国朝制义，自以韩慕庐宗伯为第一，世言方望溪以古文为时文，以时文为古文。余谓宗伯以时文古文合为一乎，望溪所不逮也。"林畅园云："高安朱文端公轼，理学名臣，坚立万仞，而所为制义乃如朱弦疏越，清昶移人。"至陈鹏年以清操闻于时，三黜三进，不易其守，其康熙辛未会墨，《非其义也四句》题后段云："如其义也，如其道也，一介不以与人，而即谓之吝；反是而为非义非道则与之而有不伤惠者乎！如其义也，如其道也，一介不以取诸人，而亦谓之矫；反是而为非义非道则取之而有不伤廉者乎！盖尹不于取与争大小，而但于取与争道义。一介之取与不为大，一介之道义则不为小；尹所为视小为大也。尹不于道义分多少，而但于道义分是非，一介之道义不为多，一介之非道非义则不为少；尹所为视少如多也。"凛凛风裁，于兹可见。孟瓶庵曰："长洲尤展成侗以惊才绝艳之笔，率多游戏为文，其所作《临去秋波》时义，虽流播禁中，实不可以训，世所传诵各篇，多以侧艳见长，亦是别调，不得谓之正宗。惟《舜有臣五人而天下治》篇，只还他序事之体，而奇情壮采，实足以推倒一世豪杰，开拓万古心胸，当是《西堂全集》中第一篇文字，不仅为制义绝唱也。"徐用锡与张照皆得李光地之传，而韩李与熊刘号为四大家。蔡芳三曰："海内论文家，群推安溪为成宏正宗；不知安溪为宋五子书，搜泽融浃，而又能自在流出，故卓然称大家。"何雨厓飞凤，《李文贞公稿题辞》云："公文不当以时文论，吾家二山弟于时文百不一当意，语及公即慑伏。"可知其为士论所尚如此。若方百川望溪兄弟，则受业于慕庵之门，为一代之巨手。蔡世远亦以清淳之气，溢为高古。余子并各有所造，非兹编所能详也。

雍正朝：

王步清，字巳山，又字汉楷，又称罕皆，金坛人。康熙甲午举人，雍正癸卯进士，翰林检讨。有《敦复堂稿制义》《所见集》《程墨所见集》《考卷所见集》《八法集》。

王汝骧，字云衢，又称耘渠，金坛人。由贡生官通江知县。有《橐中集》《虚牝集》《墙东集》《明文冶》。

张江，字百川，又字晓楼，南城人。雍正癸卯进士，翰林编修。有《张太史时文三集》。

周学健，字勿逸，又字力堂，新建人。雍正癸卯进士，江南河道总督。有《周勿逸稿》《向若编》。

任启运，字翼圣，又字钓台，宜兴人。癸卯举人，癸丑进士，翰林编修。有《任翼圣稿》。

杨炳，字郢川，又字蔚友，钟祥人。癸卯会元，状元，翰林院学士。

王安国，字书臣，高邮人。甲辰会元，榜眼，礼部尚书，谥文肃。

陈宏谋，字汝咨，又字榕门，桂林人。雍正癸卯解元，甲辰进士，东阁大学士，谥文恭。有《横塘陈氏一门朱卷》。

郑方坤，字则厚，又字荔乡，建安人。丁酉举人，癸卯进士，兖州知府。有《郑荔乡稿》《三郑合稿》。

胡天游，字稚威，山阴人。己酉副榜，乾隆丙寅词科。

陈兆仑，字句山，又字星斋，仁和人。雍正庚戌进士，太仆寺卿。有《紫竹山房制义》。

制义有以单行之神，作排偶之体，明有周莱峰、唐荆川。清初能继之者惟王步青。步清稿凡四出，最后有敦复堂定本，为雍正一朝八股文家冠冕。林畅园曰："任钓台先生深于经学发而为制义，虽小题亦必用考据之法行之。"是可见清代八股文之风气矣。案任启运自叙其稿与艾千子、陈大士两叙相匹。陈宏谋癸卯广西乡试，与刘新翰同号舍，题为《吾之于人也节》，新翰读其文大叫曰："元在此矣！"一号舍中惊以为狂，已而，宏谋果领解。以贫不能北上，新翰倾资付之，遂于是秋成进士，为琐闱佳话云。山阴胡天游博极群书，才情横厉，诗文奇崛古奥，多僻典异字，读者猝不能晓；论者以为制艺中之《岣嵝禹碑》。十三岁作《疾》一字题文，有云："疾之文从乎矢，来无向而中人甚疾；疾之事甚乎病，动屡变而其伤实多。"中间形气食色二比，制义尤精，盖自少即不肯作一庸语也。至陈兆仑之《见贤而不能举》一文，梁章钜谓其包罗史迹，推勘恒情，可当用人龟鉴，不仅以制艺目之。

乾隆朝上：

赵青藜，字然乙，泾县人。乾隆丙辰会元，监察御史。

秦蕙田，字味经，金匮人。乾隆丙辰进士，探花，刑部尚书，谥文恭。

吴銮，字玉坡，江南人，丙辰举人。

杭世骏，字大宗，又字堇浦，仁和人。丙辰词科，翰林院编修。有《镂冰集》。

于敏中，字重裳，金坛人。丁巳进士，状元，文华殿大学士，谥文襄。

程景伊，字□□，武进人。己未进士，文渊阁大学士，谥文恭。

袁枚，字子才，又字简斋，钱塘人。己未进士，江宁知县。有《袁太史稿》。

朱佩莲，字东江，海盐人。壬戌进士，翰林编修。

朱士琇，字斐瞻，又字梅崖，建宁人。甲子解元，戊辰进士，官知县，改福宁府教授。有《朱梅崖制义》。

王炳文，字在中，昆山人。乾隆初诸生。

张甄陶，字惕庵，闽县人。甲子举人，乙丑进士，高要知县。有《四书翼注论文》《国朝文范》。

蒋元益，字希元，长洲人。乙丑会元。

周振采，字白民，淮安人。乾隆初诸生。有《周白民藏稿》。

喻世钦，字□□，长沙人。乾隆初诸生。

林人槐，字□□，侯官人。丁卯举人。

吴鸿，字颉云，钱塘人。乾隆丁卯解元，辛未进士，状元。有《吴状元稿》。

翁方纲，字正三，又字覃溪，又称苏斋，大兴人。壬申进士，内阁学士，兼礼部侍郎。有《复初斋时文》。

郑忬，字艺文，靖江人。戊辰会元，礼部郎中。

朱珪，字石君，大兴人。乾隆戊辰进士，体仁阁大学士，谥文正。有《槃陀老人制义》。

马国果，字□□，无锡人。庚午解元。

吉梦熊，字渭厓，丹阳人。壬申进士，通政使。有《吉毅阳时文》。

郑天锦，字芥舟，建安人，方坤从子。壬申进士，连山知县。有《郑芥舟稿》。

赵佑，字鹿泉，仁和人。壬申进士。有《清献堂稿》。

田玉，字蔚田，无锡人。壬申解元，甲戌进士。

陆锡熊，字健男，又字耳山，上海人。辛巳进士，副都御史。

纪昀，字晓岚，献县人。丁卯解元，甲戌进士，协办大学士，礼部尚书，谥文达。有《房行书精华》。

周春，字松霭，海宁人。甲戌进士，岑溪知县。

吴玉纶，字香亭，光州人。辛巳进士，兵部侍郎。有《吴香亭稿》。

孟超然，字朝举，又字瓶庵，闽县人。乙卯解元，庚辰进士，吏部郎中。

曹文埴，字荠原，歙县人。庚辰进士，户部尚书，谥文敏。

吴珏，字井山，歙县人。壬午解元，癸未进士，内阁中书。

江筼，字震沧，江苏人。壬午举人。

林乔荫，字樾亭，侯官人。乙酉举人，江津知县。

林树蕃，字香海，侯官人，乔荫弟。乙酉举人，辛卯进士，翰林院编修。

邵晋涵，字二云，余姚人。乙酉举人，辛卯会元。

胡应魁，字鹤清，丹阳人。辛卯举人，甲辰进士。

龚景瀚，字海峰，闽县人。戊子举人，辛卯进士，兰州知府。有《积石山房四书文》。

管世铭，字韫山，又字缄若，阳湖人。甲午举人，戊戌进士。有《管韫山制义》。

吴锡麒，字圣征，又字穀人，钱塘人。甲午举人，乙未进士，国子监祭酒。有《有正味斋稿》。

张经邦，字佑贤，又字燮轩，闽县人。已亥解元，己酉进士，溧阳知县。

郑光策，字宪光，又字苏年，闽县人。已亥举人，庚子进士。有《西霞制义剩稿》。

汪如洋，字润民，又字云墅，秀水人。丁酉举人，庚子会元，状元。

刘清照，字乙资，阳湖人。乾隆庚子进士。

卢荫溥，字霖生，又字南石，德州人。辛丑进士，体仁阁大学士，谥文肃。

曹振镛，字俪笙，歙县人，文埴子。辛丑进士，武英殿大学士，谥文正。

陈锦，字□□，钱塘人。癸卯解元。

张腾蛟，字孟词，宁化人。乾隆癸卯解元，癸丑贡士。有《恩庭应试文》。

许作屏，字画山，侯官人。癸卯举人，庚戌进士。有《青阳堂制艺》。

章世绳，字□□，江苏人。癸卯举人。

阮元，字伯元，又字芸台，仪征人。丙午举人，己酉进士，体仁阁大学士。

游光绎，字彤卣，霞浦人。癸卯举人，己酉进士，监察御史。

擅吉甫曰："乾隆初，制义争尚秾缛，而周白民振采独以别调行。"蔡芳三称白民为江西社中之罗文止，盖白民好静，故文品之贵，雅似文止。《三状元稿》中以吴鸿有河朔少年风流自赏之概。而时文之健，要推袁枚。操觚家得其鳞爪，率芥拾科甲以去。《巍巍乎其有成功二句》文，有云"元气厚则山河凿焉而不伤，智勇深则日星察焉而莫遁"；盖从来八股文中所未有之语也。乾隆初之墨卷，以吴田马李为四家。吴珏、田玉、马国果、李中简也。四家中马文为最清矫，其《掩其不善四句》文"起讲"云："且天下未有生而为小人者也，彼以为有视之而不见者，而小人之术遂成；然以为有视之而不见者，而小人之术终败。夫使小人之术而果不败也，则天下无不善自匿之小人，而小人之操术，为甚得矣。"伸缩自如，合当时之风气。顾《墨卷万选》亦受人诋欺，于四家尤肆口而攻。梁上治云："吴珏《乡人傩一节》文中：'游魂虽变，不能不屈于精气之充'此等语，虽国初诸老宿，何以过之！"四家自亦有其特色也。吴玉纶与赵佑齐名。吴尝作《伯夷叔齐节》拟墨，极负盛名，汪如洋年十八领庚子会状，时和珅当国，欲罗致之，而如洋于《赵孟之所贵赵孟能贱之》文，淋漓痛快言之，以自见其意；文亦为时所诵。独管世铭最为八股名家，而偏晚达。甲午乡试，次艺为《其次致曲》，后二比云："非不知曲为偏数，诚为全数，其分量绝不相及，然析一诚以为天下之曲，即合万曲以全一己之诚，夫固不为二物矣。匹夫择术能精，而一艺之微，或以相窥于其本，循流溯源，亦其理也，而况用之于学问哉！""非不知致为始事，诚为终事，其功候若极相悬，然致即致其散殊之诚，诚即诚其一本之曲，夫更不分两域矣。童子胜衣就傅，而幼仪之习，久将默牖乎其天，积小高大，亦其物也，而况施之于择执哉！"刘文恪以理窟中能为名士风流，必八股之巨手，遂拔以冠一经，拆卷后始知其为世铭也。其他作者，或以考据见长，或以词章名世，而其时文，并有足称。

郑灏若曰："我朝文治昌明，英才间出，刘克猷子壮应运而兴，熊钟陵伯龙乘时并起，王迈人庭峭刻奇拔，戚价人藩出晦而光，李石台来泰铸镕经史，张尔成永祺力追正嘉，唐采臣德亮万顷波涛，陆圆沙灿丰神淡宕，郭水容溶高古博雅，张素存玉书大雅雍容，章云李金牧变化离奇，赵明远炳超越流俗，李厚庵光地精诣纯粹，颜修来光敏升天入阔，韩慕庐菼别开生面，金毅似居敬沉郁幽远，孙莪山勷气机圆妙，方桐城舟古盎拔俗，皆足与前代作者，后先媲美。"此八股文在清代之最盛时期也。

第六章　八股文体之就衰

　　清代八股文之所异于明贤者，一曰：在义理之求胜。如韩菼《寒碧集》、方舟《自知集》等识力透到，往往足补传注之不及。至李光地《榕村藏稿》、方苞《抗希堂稿》，此例尤多。所谓发挥搜剔，使圣贤未泯之蕴，儒先未启之局；如岭云山月，探之不穷，岂不于经传为有功！盖文章有尽，义理则日出不穷也。二曰：识字与正义。如阎若璩将明名家制义中错解题，误用事者，标为一帙。何焯极赞叹之，归撰制艺为《行远集》，悉本若璩之旨。若璩云："昔韩昌黎言，凡为文辞，须略识字，如今人之作文，何须识字，但须热闹，以悦观者之目足矣。如《见民而莫不敬句》，《集注》'见'音'现'，'显'也，露也，与'相见'之

'见'音义都别，而金声此题文曰天子时入而见天子焉，天子时出而见天子焉。认作相见字解，可乎？"其误用事者，如周永年曰："太宰，注谓吴或谓宋，未可知也。故邓汝勤文亦兼用之。谓宋备其官，吴僭其号。"阎百诗曰："《檀弓》吴夫差侵陈，太宰嚭使于师，孔《疏》此陈太宰嚭与吴太嚭名同而人异。孔子先后两居陈，识防风氏之骨，辨肃慎氏之弩，与测桓僖之庙灾，当日所谓多闻而震惊之者，皆在陈时事，故陈太宰以为司，属吴尤不如属陈。"明贤固自有其成就，然学之至于如此精且细者，亦时代风尚然也。三曰：人文一致。管世铭曰："前人以传注解经，终是离而二之，惟制义代言，宜与圣贤为一，不得不逼入深细。谓朱子之前已有时文，其精审更当不止于是也。"如徐用锡之《知者乐水章》文、陈鹏年之《非其义也非其道也一介不以与人一介不以取诸人》文，皆品节存诸文章，表里相符之作也。四曰：搜奇。制义既以经说为骨干，而学者以读书之富，不限于群经正史，乃演为辑逸书、诸子书以逮小学、校雠、金石、版本，乾嘉之际，如钱大昕、卢文弨、段玉裁、翁方纲、秦蕙田、钱伯坰、桂馥、武亿、石韫玉、孙星衍、钱坫、阮元、王氏父子之流，皆有此嗜也。李蕉铭诗曰："其间稍才俊，大言益嚣嚣。碑摊汉魏字，器列商周朝。问以五经目，茫然堕云霄。人怜不自思，唉名忘中枵。"虽有功于学术，而制艺之文体隳矣。五曰：旁务。陈用光曰："近人作时艺，每以包罗史事为长，而词句遂搀杂后世史迹，恐非所以代圣人立言之意。"弃经而之史者，实为一大枝派，如崔述、赵翼、章学诚、俞正燮，其著者也。此风在乾隆中叶以后而日盛。六曰：言辨。一题入手，巧用心思，一义数篇，篇各一旨。其中标尚独特，匪夷所思。于是心灵浚瀹，竞立一说；所谓能翻新出异者矣。如陈钟麟《君子疾没世而名不称焉》题，作四义。一就维世立论，谓以君子之实望天下，必以君子之名动天下。一就没世立论，谓生前之名，不为没世之真；没世无名，斯真没世矣。一就称字立论，谓名者人之所同，所异者称不称耳。一以称字作去声读，谓名实相副谓之称，名而不称，且至没世，盗名甚矣，故君子疾之。其言盖已辨矣。凡此六端，多在内容。且当时古文之风已炽，学者或引而治其专业，或更肆力于古文，而八股文日趋于巧薄，亦稍稍衰矣。姑以乾隆一朝，略分为二，以下目之为后期。

乾隆朝下：

侯健融，字翀庵，归安人。乾隆甲辰会元。

谢淑元，字春洲，晋江人。乾隆丙午解元，癸丑进士，翰林院编修。有《瑞芝草堂文稿》。

萨玉衡，字葱如，又字檀河，闽县人。丙午举人，陕西知县。

洪晨芳，字京植，晋江人，丙午举人。

林茂春，字崇达，又字畅园，侯官人。丙午举人，龙溪教谕。有《近文大观》。

曾奋春，字禹门，侯官人。丙午举人，临安知县。

朱秉鉴，字清如，浦城人。丙午举人，乙未进士，福宁府教授，有《茹古堂文稿》。

郑大谟，字青墅，侯官人。戊申举人，庚戌进士，河南知州。

张师诚，字兰渚，归安人。庚戌进士，江苏巡抚。

万世美，字济其，又字虞臣，瓯宁人。戊申举人，嘉庆辛酉进士，内阁中书。

方镇，字定远，霞浦人。乾隆戊申举人。

汪廷珍，字瑟庵，山阳人。己酉进士，协办大学士，礼部尚书，谥文端。

陈寿祺，字梅修，又字恭甫，闽县人。己酉举人，嘉庆己未进士，翰林院编修。

谢震，字位东，又字甸男，侯官人。己酉举人，顺昌教谕。

钱楷，字裴山，嘉兴人。己酉会元，安徽巡抚。

朱文翰，字沧湄，歙县人。庚戌会元，浙江温处道。

石韫玉，字琢堂，吴县人。庚戌进士，状元。山东按察使。有《石执如制义》。

叶大观，字莲山，罗源人。庚戌进士，翰林院编修。

吴贻咏，字惠莲，桐城人。癸丑会元。

英和，字树琴，又字煦斋，满洲人。乾隆壬子举人，癸丑进士，协办大学士，户部尚书。有《恩庆堂制义》。

杨惠元，字蓉峰，闽县人。乾隆甲寅举人，嘉庆辛酉进士，泰安知府。

黄琼，字云冈，侯官人。甲寅举人。

莫晋，字锡三，又字宝斋，会稽人。甲寅举人，乙卯进士，榜眼，仓场侍郎。有《来雨轩时文稿》。

王昙，字仲瞿，钱塘人。甲寅举人。

陈钟麟，字厚甫，元和人。甲寅举人，嘉庆己未进士，杭嘉湖道。有《就正草》《听雨轩前后集》。

赵在田，字穀士，侯官人。乙卯举人，己未进士，翰林院编修。

郭龙光，字则征，又字韶溪，福清人。乙卯举人，嘉庆丙辰进士，国子监学正。

叶申霭，字次幔，侯官人。乙卯举人，无锡知县。

应丹诏，字凤楼，又字铭石，延平人。丙午举人，乙卯进士。

廖英，字佩香，侯官人。乾隆末诸生。

王芑孙，字惕甫，又字铁夫，长洲人。甲辰召试举人，华亭教谕。有《渊雅堂制义》。

英和未通籍时，受业于长沙唐陶山、华亭李静庵，作时文清奇浓淡，无不兼有，而一本诸理法，稽诸经训，卓然可传。陈钟麟年辈虽异于韫山（管世铭），然喜谈时文，娓娓不倦。顾不喜平列三扇之文，其门生无不笃信师说，相戒不作三扇体。其时，浙江举业家称其乡有三绝，谓吴谷人祭酒之诗，梁山舟学士之字，莫宝斋侍郎之制义也。宝斋者，莫晋之字。晋甲寅闱墨《周有八士节》中二比云："溯人本乎祖之文，如高辛有八元，高阳有八恺，何妨援氏族以相推。然私自一家，则积善之庆小，公诸一代，则养士之报隆也。想当年后先竞爽，快然于难兄难弟之间，但觉少一人则歉，而多一人则赘，造物若曲成其巧，以留千古之美谈，而振振公子、振振公姓、振振公族之衍祚于睢麟，更可想矣。论善则归君之义，如舜有臣五人，武有臣十人，似应举帝王以相统，然系诸一人，明君臣之同德，推诸一世，见宇宙之太和也。迄于今初度嘉名，炳然于大书特书之笔，但觉离之两美具，合之四难并，彼苍特偶出其奇，以彰累朝之间气，而公侯好仇、公侯腹心、公侯干城之氄髦于罝兔更无论矣。"梁章钜以为若删去比中但觉二语，更为落落大方。明时，科举文字，有元派、元脉、元度之目，甚至美其名曰元灯。视夺元为至贵，相率揣摩；实则供艺林之故实则可，故不必专精致力于斯也。相传吴贻咏于癸丑会试，首艺草稿，起股自加密圈，旁批二比"可元"。藏之枕函，为其子赓枚所窥，颇传于外，榜发，果第一。案是科题为《古者民有三疾二句》，起股云："太和者天地之保合也，膺诞畀而不免气数之偏，则患中于身心，而刚柔胥可以召盭；理义者圣贤之药石也。守中正而或有阴阳之疵，则道畸于喜怒，而情伪遂积以成私。"春容大雅，实有涵盖一切之概。若王昙抱负奇伟，于风角壬遁之学，靡所弗通。所作制义，亦有奇气。为《夫子之墙一节》文云："圣人以一身建百世之业，而非有畔岸也；宪章祖述，夫岂必与合宫大室，争道义之墉，而抑其崇者，伤其庳矣。定礼乐者一门，序诗书者一门，赞易象修春秋者又一门；而不入不知也，问之美而不见也，问之富而不见也，寝如可画，徒朽宰我之墙，郭可负居，空陋颜回之巷，其瞽不已甚欤！圣人以一人教三代之英，而更无涯际也；成德达材，夫岂必与夏屋灵台，竞规模之壮，而眩其高者，耻其下矣。分德行者一门，分文学者一门，分言语政事者又一门；而不入不知也，语以宗庙而无见也，语以百官而无见也，七十子之弦歌，未许孺慚入户，三千人之冠佩，仅闻仲路行堂，其朦尚可发欤！"傲兀之概，如见其人。王芑孙诗古文词皆称健者，时义工力亦深，独不利于春官试。盖文章之优劣，不必能定科名之得失，由来已久，不独一二人为然也。

嘉庆朝：

姚学塽，字晋堂，归安人。嘉庆丙辰进士，内阁中书。有《晋堂时文》。

郑兼才，字六亭，大田人。嘉庆戊午解元，台湾教谕。

陈廷焕，字采屏，侯官人。戊午举人，乙丑进士，兴化教授。有《百尺楼文稿》。

叶申荣，字莘昀，侯官人。申蔼兄，戊午举人，壬戌进士。

余本敦，字朗山，西安人。己未进士，监察御史。

马有章，字倬亭，通州人。辛酉会元，内阁中书。

吴廷琛，字棣华，元和人。壬子举人，壬戌会元，状元，云南按察使。

朱士彦，字咏斋，宝应人。壬戌进士，探花，吏部尚书，谥文定。

顾莼，字吴羹，又字南雅，吴县人。壬戌进士，翰林院侍读学士。

张翘，字陟庵，浦城人。辛酉解元。

朱秉铭，字缄三，浦城人。秉鉴弟，辛酉举人。有《雪龛制义》。

许德树，字荫坪，闽县人。辛酉举人，道光丙戌进士。

郭尚先，字兰石，莆田人。丁卯解元，己巳进士。大理寺卿。

林则徐，字少穆，侯官人。辛未进士，云贵总督。

张梦魁，字维北，又字暖云，浦城人。丁卯举人。

陈肇波，字研畲，又字子澜，连江人。戊辰举人，来宾知县。

万云程，字芝林，瓯宁人。世美子，戊辰举人。

曾秉文，字建堂，侯官人。嘉庆时举人。

陈继昌，初名守睿，字莲史，临桂人。癸酉解元，庚辰会元，状元，官直隶布政使。

嘉道间，京师推姚学塽为制义巨手，以为辇下无第二人也。其《君子矜而不争群而不党》题文，梁章钜以为非前明大家及清初名手所及。余本敦则以脉理清真，笔情醇茂著。其《曾子曰慎终追远一节》之末二比云："匹夫面垢为仪，固不敢同于杖而后起，扶而后起，而昊天难报之恩，孰不同此罔极哉！侧闻圣天子引经复古，有过寻常，几不敢援节哀顺变之文，下慰臣工之请吁，则行道之人，有不感而心恻耶？盖至读蓼莪者，咸知陨涕，君子知其所由来矣。庶人鱼菽是荐，亦何敢同于太牢有献、少牢有献，而高曾规矩之思，孰不共此手泽哉！侧闻圣天子春露秋霜，不胜凄怆，直不啻以赤子瞻依之意，上亲列祖之衣裳，则跂踦之徒，有不闻而心愧耶？盖至抚杯棬者，如对先型，君子知其所自致矣。"适当嘉庆三年，大丧之余，此二比阴切时事，情文交至，侧闻一段居然是颂扬体裁；是一切逢迎窥伺心术，缘此而起矣。顾纯辛酉会试《尧舜帅天下以仁桀纣帅天下以暴》一文，最为得意，盖作此文者必切尧舜桀纣，不知举古来为人君者，一仁一暴，以为榜样而已。纯觑此下笔，一片清空，宜其为梁九山先生所赏也。

其年，福建乡试，首题为《曾子曰夫子之道忠恕而已矣》，发解者张翘也。翘文中二比云："人第见夫子因时而措，而惊其道之甚神，而不知夫子只全其心之所固

124

然，还其心之所同然，即以贯乎类聚群分而不过其则焉。人第见夫子顺物而施，而疑其道之曲当，而不知夫子即此中心而于己无所亏，如心而于物无弗慊，于以贯乎千汇万状而不疑所行焉。"字字精实，一时称为名元。广西领癸酉之解，为陈其昌，其《子钓而不纲》二句，后比云："一人全之，众人蠹之，其所息者几何；然人戕物而我不与，我育物而我并不与，此与物之相忘于我耳；数有难道，以理生之，夫子只泯其意必之见而已矣。终古耗之，一日养之，其所济者又几何；然必吾心有余地，而后斯世有余物，此与物之相见以心耳；欲不可纵，以性节之，夫子只见为上下之察而已矣。"亦为至理名言云。

道光朝：

吴钟骏，字崧甫，吴县人。道光壬午举人，壬辰进士，状元，官国子监祭酒。

林彭年，字寿夫，侯官人。士蕃子，道光癸未进士，刑部主事。

刘建韶，字闻石，长乐人。乙酉举人，乙未进士，陕西知县。有《宜兰室制义》。

汤鹏，字海秋，益阳人。癸未进士。有《海秋制义》。

梁氏《题名》止于是，余尝欲补咸丰、同治、光绪三朝。以商之新建夏剑丞先生，先生以为咸同以后，士夫多不欲以制义得名，无须为之列入也。虽然，岭南学风，多以制艺入手，如朱九江次琦，以逮康有为、梁启超皆工于此道，而启超之"新民体"文，取资于八股文者不鲜。辑《江汉炳灵》之樊增祥亦工为八股，且引而为公牍，此又八股文之旁支矣。

吴瞿安先生序先太史（讳鋆，字云谷）《石寿山房集》，有曰："太史生道咸之际，不染房墨庸滥之习，研探经训，出解渊雅，不务高深，人自不可及，试置诸弘正乾嘉作者间，几沆瀣一气。"又曰："清乾嘉间，登上第，占巍科者咸正大弘畅，有扬鸾和铃之度；迨光绪之季，放纵以露才，渔猎以炫博，而国势乃日益不振。"陈作霖《卢编修传》："论曰，时文一道，虽云小技，吾乡工此者，刘雨生汝霖、陈耘芬兆熙、丁得之自求，皆其魁宿也。君则兼诸子之长，而加之以凝炼，其气王，其味厚，其调高。"此虽论一家之言，亦藉以觇晚清八股文之梗概也。

八股文既变而为策论矣，其所以就衰者，必有其弊。约而言之，凡有数端。一曰：尤王派之弊。尤侗、王广心以词藻为制义，所以竞求售也。少年聪颖之士，费数月半年之力，乃以此烂调为才情，只要得其形似，已足以应付考官而有余，虽曰以尤王为指归，其去尤王固不可道里计也。二曰：雷同之弊。顾炎武曰："一经之中，拟题一二百道，窃取他人之文记之，入场之日，抄誊一过，便侥幸中式。"此在明末，已启其风；及至晚清，益不可收拾，偷格、偷意，甚至偷辞；遂千篇一律，不足观已。三曰：文陋之弊，士不读书，以滥调轻而易举，藉以博科名。如道光以来，所谓"且夫调"者，其法于提比之后，或末比之前，突用"且夫"二字以振其势，并不关顾前后语脉。乡会试场以为秘诀，以文言之，不通甚矣，聊以自文其陋而已。四曰：截搭题之弊。截搭题本以防熟记陈文，以"四书五经"之文有限，出题已殆遍及，非经倒置，不得出新；于是强为割裂，勉合为一语。作此题者，亦牵强附合以完篇，文乃日益恶劣。凡此四弊，使八股文仅能存一躯壳，虽欲不亡，其可得邪？神之不充，貌亦难寄，一切文体皆然，又不独八股文如是也。

第七章　关于八股之文献

予尝欲辑《八股文书目》与《八股文现存书目》，四五年来，稍稍搜集；自维所阙过多，未遑从事。而关于八股文之论著，除专书如：梁氏《制义丛话》及《时文话》；专篇如：刘氏《四书文论》、刘融斋《经义概》外，类此之散篇，见于别集者，为数甚多；且多系序跋，原书虽不可得，得见其序或跋，亦可窥见原书之一斑矣。爰为称引，以备检寻。

见于《学海堂集》者：郑灏若、梁杰、杨懋建、周以清、侯康各有《四书文源流考》一篇，阮元有《四书文话序》。

见于汪之昌《青学斋集》有《四书文缘起》。任兆麟《有竹居集》，有《与庄文山论制义书》三道。焦循

《雕菰集》有《时文说》三篇。谢章铤《赌棋山庄集》有《答颖叔论时文》。陈玉树《后乐堂文抄》有《论时文》。翁方纲《复初斋文集》有《制义江西五家论》。钱谦益《牧斋初学集》有《黄蕴生经义序》《历朝应制诗序》。

见于黄百家《学箕初稿》者：有《陈介眉制义稿序》《范国雯制义稿序》《仇沧柱时义稿序》。王夫之《姜斋文集》有《殷浴日时艺序》。吴伟业《梅村家藏稿文集》有《两郡名文序》。

见于潘耒《遂初堂文集》者：有《许时庵制义序》《吴楞香制义序》。陆陇其《三鱼堂文集》有《黄陶庵先生制义序》《历科小题永言集序》。张履祥《杨园先生集》有《自题制义序》。

见于毛奇龄《西河合集》者：有《童炜行稿序》《傅生时义一刻序》《傅生时义二刻序》《傅生时义三刻序》《王时府季试文序》《汇刻小试文卷序》《李生

试文序》《李白山续刻试草序》《何氏二童子拟应制诗序》《唐人试帖序》《江皋草堂应试文序》《素园试文序》《先正小题选序》《应和堂试文序》《季跪小品制文引》。

　　见于吕留良《吕晚村先生文集》者：有《今集附旧序》《庚子程墨序》《五科程墨序》《戊戌房书序》《选大题序》，张尔歧《蒿庵文集》有《自订书义序》，姜宸英《湛园未定稿》有《张子制义序》。

　　见于何焯《何义门先生集》者：有《姜西溟四书文序》《杨易亭制义序》。赵士麟《读书堂彩衣全集》有《管希洛时艺序》《徐子文时义序》。董以宁《文友文选》有《倪暗公制义十九首序》。陈祖范《陈司业文集》有《序时人文稿》《时义自序》。全祖望《鲒埼亭集外编》有《帖经小课题词》。吴德旋《初月楼文续抄》有《刘海峰先生经义抄目录序》。吴定《紫石泉山房文集》有《海峰夫子时文序》。

见于刘大魁《海峰先生文》者：有《东皋先生时文序》《徐笠山时文序》《郭昆甫时文序》《方晞原时文序》《顾备九时文序》《宋运夫时文序》《綦自堂时文序》《张荪圃时文序》《潘在涧时文序》《张俊生时文序》《叶书山时文序》。

见于方苞《望溪先生文集》者：有《余东木时文序》《杨黄在时文序》。

见于方苞《望溪先生集外文》者：有《进四书文选表》《溧阳会业初编序》《书时文稿》《岁寒章四义后》《记时文稿行不由径三句后》。方苞《望溪先生集外文补遗》有《记时文稿兴于诗三句后》《记时文稿有为者譬若掘井一节后》。顾镇《虞东先生文录》有《陈体斋制义序》。王植《崇德堂稿》有《汤君时琏时文序》。

见于徐乾学《憺园文集》者：有《颜光敏书义序》《韩元少制义序》《代宋蒿南制义序》《王令诒制义

序》《山东行卷序》《戊辰会墨录真序》《叶元礼制义序》。

见于韩菼《有恒堂文稿》者：有《乙卯顺天乡闱墨序》《秦吉人先生经义稿序》《丁丑房书序》《历科房书选序》《江西己卯闱墨序》。

见于朱运震《空山堂文集》者：有《刻同门试卷序》《石君时文稿序》《陈布在时文稿序》。王源《居业堂文集》有《王蒻林时艺序》。王懋竑《白田草堂存稿》有《曲江会艺序》。雷鋐《经笥堂文抄》有《李雪崖时文序》。

见于朱轼《朱文端公文集》者：有《王畴五时文序》《张岂石时文序》《程启生时文序》《公鼎时文序》。朱筠《笥河文集》有《安徽试卷序》。王昶《春融堂集》有《沈柏参时文稿序》。陆耀《切问斋集》有《张耘孟制义序》。

见于任兆麟《有竹居集》者：有《戴东原制义序》

《二任先生文稿合刻序》《心斋四书文自叙》《修吉堂会业序》《制义正宗序》《题文山庄子四书文》。袁枚《小仓山房文集》有《胡勿厓时文序》。杭世骏《道古堂文集》有《制义宗经序》。

　　见于翁方纲《复初斋文集》者：有《贵溪毕生时文序》《彭晋函时文序》《吴怀舟时文序》《树兰斋时文序》。翁方纲《复初斋集外文》有《朱仰山时文序》。卢见曾《雅雨堂文集》有《试帖初桄序》。钱陈群《香树斋文集》有《戴生窗艺序》。

　　见于李绂《穆堂初稿》者：有《云南乡试墨卷序》《浙江庚子乡试卷序》《阎仲容试草序》《裘约斯时文序》《三冯试草序》《胡天益时文序》《陈耿南时文序》《王修撰时文序》《李而上时文序》《冯夔飔时文序》《王岩公时文序》《徐伊匡时文序》《邵庶常时文序》。

　　见于李绂《穆堂别稿》者：有《草庐书院会课序》

《程文学四书文序》《秋山课义序》。

见于姚鼐《惜抱轩文集》者：有《张仲絜时文序》《左笔泉先生时文序》《徐六阶时文序》《陈仰韩时文序》。邵晋涵《南江文抄》有《徐薛堂时义序》《姜星六时文序》《傅素余时文序》。

见于法式善《存素堂文集》者：有《同馆试律汇抄序》《同馆试律续抄序》《成均学选录序》《曹定轩紫云山房试帖诗序》《曹景制艺序》《吴蕉衫制艺序》《吴凤白必悔斋制艺序》。彭元瑞《思余堂辑稿》有《策问存课自序》《门人史彭龄时文序》。

见于彭绍升《二林居集》者：有《二林居经义叙》《二林居制义第二叙》《二林居制义第三叙》《汪子制义叙》《蒙泉制义叙》。程瑶田《读书求解》有《胡左元时文序》。

见于张廷玉《澄怀园文存》者：有《许醇夫四书文序》《丁巳科会墨选序》《丁巳馆课序》《同馆课艺

序》《国朝馆选录序》。

见于章学诚《章氏遗书》者：有《导巘集序为梁少傅撰》《杜书山时文序》《赵立斋时文题式引言》《文格举隅序》《跋屠怀三制义》《跋戊申秋课》。凌廷堪《校礼堂文集》有《学勤斋时文自序》。武亿《授堂文抄》有《吴硕亭时文序》。

见于吴定《紫石泉山房文集》者：有《方立中夫子时文序》《李仲醇夫子时文序》《余丽梧先生时文序》《姚姬传先生时文序》。王引之《王文简公文集》有《信宜四李先生制义序》。管同《因寄轩文集补遗》有《刊刻敬敷书院课艺序》（代）。鲁九皋《鲁山木先生文集》有《曹抑堂先生制义序》《理学制义序》《宋伊谦先生制义序》。

见于管世铭《韫山堂文集》者：有《赵榕冈文学制义序》《周宿航制义序》《韦静山制义序》。冯浩《孟亭居士文稿》，有《汪鲁堂制艺序》《严保林时文蓺洲集序》。

　　见于唐仲冕《陶山文录》者：有《谭培斋课试时文序》《屠韫斋时文序》《紫琅书院课艺序》《许玉田制艺序》。石韫玉《独学庐初稿》有《辛壬试艺序》。石韫玉《独学庐二稿》有《试帖偶抄序》。石韫玉《独学庐三稿》有《郏绚庵先生制艺序》《紫阳课艺序》。石韫玉《独学庐四稿》有《芹香课艺序》《天崇文英序》《院课存真序》《国朝文英序》《国朝文英二集序》《借秋亭试帖序》。石韫玉《独学庐五稿》有《江铁君制义序》。秦瀛《小岘山人文集》有《王念丰制义序》。

　　见于王芑孙《惕甫未定稿》者：有《制义自序》《试贴诗课合存序》《乐仪书院课艺序》《史恒斋试帖诗书时文读本后》。

　　见于王宗炎《晚闻居士遗集》者：有《何秋田先生时文序》《墨守内篇叙》《墨守外篇叙》《紫阳书院课

艺叙》。

见于金廷灿《存吾文稿》者：有《城南课艺叙》
《黄君振南时文序》《范研人时文序》《蒋玉涧时文
序》。

见于吴德旋《初月楼文抄》者：有《族叔晋望时文
集序》《四书文选序》《杨随安时文集序》，《汪筠庄
先生时文序》。吴德旋《初月楼文续抄》有《吴耶溪经
义序》。姚文田《邃雅堂集》有《皇甫香畴时文序》。
姚文田《邃雅堂文集续编》有《严二如时文序》。阮元
《研经室三集》有《华陔草堂书义序》。

见于朱琦《小万卷斋文稿》者：有《实事求是之斋
经义序》《制义丛话序》《钟山课艺序》。胡培翚《研
六室文抄》有《钟山书院课艺序》。

见于朱琦《小万卷斋文稿》者：有《正谊书院课选
二编序》《正谊书院课选三编序》《紫阳书院课艺序》
《肄雅堂课艺相长录序》《石门制义序》《芝堂制义序》

《窥一轩制义序》《一椽斋制义序》《观省堂制义序》。
胡承珙《求是堂文集》有《朱咸中时艺遗稿序》。

见于李宗昉《闻妙香室文》者：有《月槎时文抄
序》《李邨芸手批河间试律矩存稿序》《黄氏馆课诗赋
合编序》。朱彬《游道堂集》有《玉山草堂课艺序》
《天心阁时文序》。朱为弼《蕉声馆集》有《叶雨辀同
年洗心书屋制艺序》。

见于韩梦周《理堂文集》者：有《刘南川制义序》
《滕瑞子先生制义序》《西涧制义序》《法迂斋先生制
义存稿序》《制义文自序》《理堂制艺序》《理堂制
艺续集小序》《邱兰成时文序》《沈秋崖时文序》。赵
绍祖《琴士文抄》有《法诗龛存素堂时文序》。陈用光
《太乙舟文集》有《存素堂制艺序》。

见于潘奕隽《三松堂集》者：有《墨准初刻序》
《墨准二刻序》《墨准三刻序》《墨准四刻序》，赵
绍祖《琴士文抄》有《朱题士时文序》《李敷五时文

序》。汤金钊《寸心知室文存》有《熊大司空半泉集时艺序》。葛其仁《味经斋文集》有《古紫阳书院课艺序》。张云璈《简松草堂文集》有《义庄课艺序》《吕耜堂先生制艺序》。

见于陈用光《太乙舟文集》者：有《南石先生制义序》《重订姚先生四书文选》《韩幼徽四书文册跋》。梅曾亮《柏枧山房文集》有《汤子燮试帖诗稿书后》《李蕴山时义序》《锡山文续序》。梅曾亮《柏枧山房文续集》有《太乙舟山房时义序》《陈淮生时义序》。孙志祖《申郑轩遗文》有《帖经小课跋》。

见于孙原湘《天真阁集》者：有《素修堂约课序》《李小云时义序》《虞山试律抄序》。马国韩《玉函山房续集》有《红藕花轩课草序》。

见于孙衣言《逊学斋文抄》者：有《蒋氏莫如楼时文后序》《永嘉先生时文序》《书王秀峰时文》《陈菊潭时文跋》。龚景瀚《澹静斋文抄》有《郑在谦四书文叙》《尹某四书文叙》《积石山房四书文自序》。

见于陶澍《印心石屋文抄》者：有《黄云浦制义序》《胡竹塘制义序》《先太史英江制义恭跋》。姚椿《晚学斋文集》有《樗寮课儿试帖诗题辞》。龚自珍《定庵续集》有《四先生功令文序》。黄式三《儆居杂著》有《塾课序》。何绍基《东洲草堂文抄》有《鲁服斋制艺叙》。

见于李兆洛《养一斋文集》者：有《毓文书院课艺序》《举业筌蹄序》《墨卷望气序》《南村制义序》《史自怡时文序》《吴云澜时文序》《蕉峰时文稿序》《石斋先生时文序》《金选小题文序》《金选大题文序》《书刘柳溪先生时文后》《西峰时文序》。戴钧衡《味经山馆文抄》有《朱楚卿时文序》。黄承吉《梦陔堂文集》有《谈星台时文序》。

见于冯桂芬《显志堂稿》者：有《可自怡斋试帖序》《惜阴书舍戊申课艺序》《蒋丹林制艺序》《洪铭

之时文序》《沈汝松时文序》《怀青山馆制艺序》《忆樊居制艺序》。钱泰吉《甘泉乡人稿》有《沈莲溪濂时文序》。钱仪吉《衍石斋记事续稿》有《粤海堂诸子课业评》。

见于黄本骥《三长物斋文略》者：有《郑雪堂经义序》《试剑余墨序》。龙启瑞《经德堂文集》有《绍濂堂制艺序》《朱约斋先生时文序》。谢章铤《赌棋山庄集》有《时艺残稿自序》。谢章铤《赌棋山庄文续集》有《城东菊隐旧庐试帖诗序》。

见于黄彭年《陶楼文抄》者：有《小隐斋制艺序》《莲池课艺序》。华蘅芳《行素轩文存》有《行素轩时文自序》。陈沣《东塾集》有《徐达夫先生试律诗序》《温伊初时文序》。高均仟《续东轩遗集》有《书王子鸿制艺近稿后》。钱化鹏《述古堂文集》有《白云山樵制义序》《萼华堂试艺序》。唐鉴《唐确慎公集》有《直省卿墨序》。俞樾《春在堂杂文》有《紫阳课艺序》。

俞樾《春在堂杂文五编》有《严缃生达叟时文序》。俞樾《春在堂杂文六编》有《孙卭盦试帖诗序》。

见于胡凤丹《退补斋文存》者：有《盾余斋试帖诗序》《棣萼山房试帖序》。胡凤丹《退补斋文存二编》有《退补斋制艺自序》。周寿昌《思益堂古文》有《思益堂试帖自序》。王玉树《艻林草堂文抄》有《贾益楼试律约评序》。

见于钱保塘《清风堂文抄》者：有《经训书院课士文序》（代吴筠轩观察）《乐易山房制义序》。郭嵩焘《养知书屋文集》有《熊云渠先生时文序》《丁伊辅先生馆课藏本书后》。孙葆田《校经室文集补遗》有《周文忠公制义后序》。

见于马征麟《淡园文集》者：有《制艺养气集叙》《吴定孙孝廉五经试帖叙》。张寿荣《舫庐文存》有《经艺碧海鲸序》。李桢《畹兰斋文集》有《畹兰斋时文序》。王颂蔚《写礼庼文集》有《戴艺郛不薄今斋时文续刻序》。王荣商《容膝轩文稿》有《顾湖舫先生时文序》。

见于李佐贤《石泉书屋类稿》者：有《利津李氏贡举制艺序》《魏又瓶学博制艺序》《石泉书屋制义自序》《石泉书屋制义补编序》。龙文彬《永怀堂文抄》有《制义自序》《锡厚庵时文序》。

见于王先谦《虚受堂文集》者：有《庞濬卿时义序》《王氏塾课初编序》《孙渔笙时文序》《国朝试律诗抄序》《四书文蠡序》《杨丹山试艺序》《江左制义辑存序》。贺涛《贺先生文集》有《楚禽堂制义序》。汪之昌《青学斋集》有《正谊书院课艺跋》。叶德辉《郎园山居文录》有《岁寒居士制艺序》。陈汉章《缀学堂初稿》有《序经艺斠话》。

凡此文字，皆足以补益八股文之史料，果加以钩稽，厘分子目，使成专编，亦文坛应有之事也。虽然，是非此书所能尽已！